汽车技术精品著作系列

新能源汽车设计基础

周　侠　编著

机械工业出版社

本书从行业实际工作出发,主要针对 M1 类车辆(乘用车),介绍了新能源汽车的定义、新能源汽车设计的整个过程及专业分工,对于广大汽车专业学子、工程师、学者、教师及汽车爱好者掌握新能源汽车设计流程和各专业分工具有极高的指导意义。

本书主要内容包括新能源汽车专业术语、常用设计工具(软件)、设计开发流程及交付物、市场调查、产品定位、产品功能及配置、产品规划、立项与组织架构、项目计划、设计标准、产品技术路线、产品技术参数定义、平台化设计方法、产品改款设计、产品造型设计、产品工程设计(设计路线、总布置设计、整车 BOM 表及数据管理、性能设计、动力总成设计、底盘设计、车身设计、电气系统设计、内外饰设计、VOC 及 ELV 控制等)、设计专利申请、产品认证、产品验证(样车试制、验证试验、OTS、PPAP、工艺验证等)、产品 SOP、设计变更等内容。

图书在版编目(CIP)数据

新能源汽车设计基础/周侠编著. —北京:机械工业出版社,2020.7(2024.1重印)
(汽车技术精品著作系列)
ISBN 978-7-111-65812-2

Ⅰ.①新… Ⅱ.①周… Ⅲ.①新能源-汽车-设计 Ⅳ.①U469.702

中国版本图书馆 CIP 数据核字(2020)第 098821 号

机械工业出版社(北京市百万庄大街22号 邮政编码100037)
策划编辑:何士娟　　责任编辑:何士娟
责任校对:肖　琳　　封面设计:马精明
责任印制:张　博
北京建宏印刷有限公司印刷
2024 年 1 月第 1 版　第 4 次印刷
184mm×260mm・13.25 印张・2 插页・305 千字
标准书号:ISBN 978-7-111-65812-2
定价:89.90 元

电话服务　　　　　　　　　网络服务
客服电话:010-88361066　　机　工　官　网:www.cmpbook.com
　　　　　010-88379833　　机　工　官　博:weibo.com/cmp1952
　　　　　010-68326294　　金　书　网:www.golden-book.com
封底无防伪标均为盗版　　　机工教育服务网:www.cmpedu.com

前　言

新能源汽车是发展低碳经济的必然选择，也是未来汽车产业发展的必然趋势。大力发展新能源汽车已经在全球范围内达成共识，国内的新能源汽车补贴、不限行不限购政策，国外的"碳积分"及燃油汽车退出法规，都在积极推进新能源汽车的发展。

我国的产业发展已经进入了新的阶段，产业升级，科技创新，各行各业都呈现出崭新的面貌，新能源汽车行业也是如此。目前我国的新能源汽车技术已经达到世界领先水平，在产品设计及制造能力、零部件核心技术、产销量、应用广度等方面均体现出了很强的发展势头，我国在多年的努力之下已经进入汽车强国行列。新能源汽车设计作为行业上游，具有重要的引领作用。

本书编写的初衷，是让行业相关人员对新能源汽车设计有一个基本的认识，这对于理解行业发展和新能源汽车本身均具有重要的意义。

本书完整阐述了新能源汽车新产品的设计过程与设计方法，主要内容均来源于行业工作一线，具有较高的参考价值，可以作为汽车设计的入门读物。新能源汽车由传统汽车发展升级而来，因此本书除了阐述新能源汽车特有的内容之外，还对两种汽车共同具有的内容进行了介绍，以求更完整系统地展现新能源汽车的全貌。第1章介绍了新能源汽车的定义、组成以及新产品的设计开发流程与交付物。第2章和第3章阐述了在产品项目前期所需要进行的市场调查、项目可行性分析等工作，用于确定新产品的设计目标、技术与经营可行性、项目计划以及项目组织架构等。第4章介绍了行业内常用的产品设计标准。第5章阐述了产品的总体方案设计思路。第6章介绍了目前行业内流行的产品平台化设计方法。第7章阐述了产品造型设计的特点与基本过程。第8章阐述了产品工程设计的基本方法与基本过程。第9章阐述了产品设计专利申请的基本知识。第10章阐述了产品认证的基本过程。第11章阐述了产品及工艺验证过程。第12章介绍了新产品设计变更。

本书是作者在以往汽车研发项目中的经验总结，也是其十多年一线汽车设计工作的集中体现。书中提及的很多参考资料来源于平时的工作收集，在此对这些资料的原作者及相关同事表示最诚挚的感谢。

经过多年的准备和构思，作者希望将行业一线的实际设计工作经验介绍给每一位对汽车行业及汽车设计感兴趣的朋友，但鉴于自身水平有限，书中难免有缺漏及错误之处，欢迎广大读者批评指正。

本书配备教学课件，选用本书作为教材的教师可在机械工业出版社教育服务网（www.cmpedu.com）注册后免费下载。

客服人员微信：13070116286。

周侠
2020年2月，杭州

目 录

前 言
绪 论
0.1 新能源汽车行业介绍 … 001
0.2 专业术语解释 … 003
0.3 设计软件介绍 … 011

第 1 章　新能源汽车概述及设计开发流程

1.1 新能源汽车概述　… 013
1.1.1 新能源汽车的定义　… 013
1.1.2 新能源汽车的特点　… 014
1.1.3 新能源汽车各大系统组成　… 015

1.2 新能源汽车的发展　… 026
1.2.1 新能源汽车的发展趋势　… 026
1.2.2 新能源汽车的地位　… 027

1.3 新能源汽车设计开发流程　… 027
1.3.1 新能源汽车设计开发流程介绍　… 028
1.3.2 新能源汽车设计开发交付物　… 031

第 2 章　市场调查

2.1 市场调查概述　… 047
2.1.1 市场调查活动　… 047
2.1.2 市场调查结果分析　… 048

2.2 确定产品特点　… 048
2.2.1 确定产品定位　… 048
2.2.2 确定车型　… 050
2.2.3 产品定义　… 051

2.3 确定产品功能及配置　… 051

2.3.1 确定产品功能　… 051
2.3.2 竞品分析　… 052
2.3.3 确定配置　… 053

第 3 章　项目可行性分析

3.1 技术可行性分析　… 055
3.1.1 现有技术可行性分析　… 055
3.1.2 新技术可行性分析　… 055

3.2 经营可行性分析　… 056
3.2.1 产品成本分析　… 056
3.2.2 产品盈利分析　… 056
3.2.3 产品发展规划　… 056
3.2.4 产品生命周期规划　… 057

3.3 立项　… 057
3.3.1 立项决策　… 058
3.3.2 项目组织架构确定　… 058

3.4 确定项目计划　… 059
3.4.1 项目主计划　… 059
3.4.2 项目二级计划　… 059

第 4 章　产品设计标准

4.1 标准知识介绍　… 061
4.1.1 标准的定义　… 061

4.1.2　常用国内标准 ... 063

4.2　SAE 标准 ... 067
4.2.1　SAE 标准介绍 ... 067
4.2.2　常用 SAE 标准 ... 067

4.3　其他标准 ... 068
4.3.1　欧盟及日本标准介绍 ... 068
4.3.2　欧盟及日本标准列举 ... 068

第 5 章　产品总体方案设计

5.1　确定产品的技术路线及方案 ... 075
5.1.1　产品技术路线 ... 075
5.1.2　产品技术方案 ... 077

5.2　确定产品的技术参数 ... 078
5.2.1　确定产品物理参数 ... 078
5.2.2　确定产品性能参数 ... 078

第 6 章　产品平台化设计

6.1　平台化设计概述 ... 079
6.1.1　平台化设计理念 ... 079
6.1.2　平台化设计应用举例 ... 080

6.2　现有平台设计 ... 082
6.2.1　完全沿用现有平台 ... 082
6.2.2　现有平台更改 ... 082

6.3　新平台设计 ... 082
6.3.1　成熟技术新平台 ... 082
6.3.2　全新技术新平台 ... 083

6.4　改款 ... 083
6.4.1　小改款 ... 083
6.4.2　大改款 ... 083
6.4.3　配置改款 ... 084

第 7 章　产品造型设计

7.1　造型草图 ... 085
7.1.1　概念草图 ... 085

7.1.2　草图更新 ... 086

7.2　效果图 ... 086
7.2.1　效果图设计 ... 086
7.2.2　效果图评审 ... 087

7.3　CAS 面及 A 面设计 ... 087
7.3.1　外 CAS 设计 ... 087
7.3.2　内 CAS 设计 ... 088
7.3.3　A 面设计 ... 088

7.4　油泥模型 ... 089
7.4.1　油泥模型制作 ... 089
7.4.2　油泥模型冻结 ... 090

7.5　铣削模型 ... 090
7.5.1　铣削模型介绍 ... 090
7.5.2　铣削模型功能 ... 091

第 8 章　产品工程设计

8.1　产品设计路线 ... 093
8.1.1　正向设计 ... 093
8.1.2　逆向设计 ... 094

8.2　总布置设计 ... 095
8.2.1　总布置方案设计 ... 096
8.2.2　绘制总布置图 ... 102
8.2.3　整车轻量化管理 ... 104
8.2.4　数据校核 ... 107
8.2.5　法规校核 ... 115
8.2.6　总布置审核 ... 124

8.3　整车性能分析 ... 125
8.3.1　整车性能目标设定 ... 125
8.3.2　经济性及动力性分析 ... 125
8.3.3　整车 EMC 性能分析 ... 126
8.3.4　整车 NVH 性能分析 ... 126
8.3.5　整车驾驶性分析 ... 128
8.3.6　结构分析 ... 128
8.3.7　主动及被动安全分析 ... 130
8.3.8　空气动力学分析 ... 133
8.3.9　热管理分析 ... 134
8.3.10　空调系统性能分析 ... 134

8.3.11	制动性能分析	… 134
8.3.12	其他性能分析	… 135

8.4　整车 BOM 表及数据管理　… 135

8.4.1	整车 BOM 表的编制	… 135
8.4.2	整车 BOM 表管理	… 137
8.4.3	整车数据管理	… 138
8.4.4	设计变更管理	… 139

8.5　动力总成设计　… 139

8.5.1	动力总成选型匹配	… 139
8.5.2	动力电池选型匹配	… 140

8.6　底盘设计　… 141

8.6.1	底盘系统设计构想	… 141
8.6.2	确定底盘系统设计硬点	… 141
8.6.3	底盘系统方案设计分析	… 142
8.6.4	底盘系统调校	… 142

8.7　车身设计　… 143

8.7.1	车身系统设计构想	… 143
8.7.2	车身方案设计分析	… 144
8.7.3	车身碰撞性能分析	… 144
8.7.4	车身工艺分析	… 144

8.8　电气系统设计　… 145

8.8.1	电气系统设计构想	… 145
8.8.2	电气系统架构设计	… 146
8.8.3	电气系统选型匹配	… 146
8.8.4	电气系统方案设计分析	… 146

8.9　内外饰设计　… 147

8.9.1	内外饰系统设计构想	… 147
8.9.2	内外饰系统方案设计分析	… 148
8.9.3	模流分析	… 148

8.10　VOC 及 ELV 控制　… 150

8.10.1	VOC 控制	… 150
8.10.2	ELV 控制	… 155

第 9 章　产品设计专利申请

9.1　知识产权介绍　… 157

9.1.1	知识产权的特性	… 158
9.1.2	保护知识产权的法律法规	… 158

9.2　专利申请基础知识介绍　… 159

9.2.1	专利的定义	… 159
9.2.2	专利保护的对象	… 159
9.2.3	授予专利权的条件	… 160
9.2.4	申请专利需准备的文件	… 161
9.2.5	专利申请注册制度	… 162
9.2.6	获得专利的效果	… 162
9.2.7	专利的保护期	… 163
9.2.8	专利申请日与申请号	… 163
9.2.9	专利发明人、申请人、专利权人	… 163
9.2.10	专利权维护费	… 165

第 10 章　产品认证

10.1　认证介绍　… 167

10.1.1	认证发布形式	… 168
10.1.2	认证周期	… 168
10.1.3	认证车辆分类	… 168

10.2　公告申报　… 168

10.2.1	公告申报条件	… 169
10.2.2	公告申报流程	… 169
10.2.3	公告申报的检测依据	… 170

10.3　3C 认证申报　… 170

10.3.1	3C 认证的申报条件	… 170
10.3.2	3C 认证的管理方式	… 172
10.3.3	3C 认证申报流程	… 172
10.3.4	3C 认证检测项目	… 172

10.4　环保目录申报　… 172

10.4.1	环保目录管理方式	… 172
10.4.2	环保目录申报流程	… 173

10.5　生产一致性　… 173

10.5.1	生产一致性要求	… 173
10.5.2	国家环保总局生产一致性管理方式	… 174
10.5.3	北京环保总局生产一致性管理方式	… 176

10.6　相关工作　… 178

10.6.1	车辆注册	… 178

10.6.2 汽车产品涉及的主管机构（部分） ... 178
10.6.3 汽车产品认证相关网站 ... 179

第 11 章 产品及工艺验证

11.1 样车试制 ... 181
11.1.1 MuleCar 样车 ... 181
11.1.2 软模车 ... 182
11.1.3 模具车 ... 182
11.2 产品可靠性验证试验 ... 182
11.2.1 可靠性试验的意义和目的 ... 182
11.2.2 可靠性试验的分类 ... 183
11.2.3 可靠性试验的内容 ... 188
11.3 标定及验收试验 ... 188
11.3.1 动力总成系统标定及验收 ... 188
11.3.2 其他系统标定及验收 ... 189
11.4 产品失效模式及后果分析 ... 190
11.4.1 FMEA 的目的 ... 190
11.4.2 FMEA 的特点 ... 190
11.4.3 FMEA 的分析流程 ... 190
11.4.4 FMEA 的实施 ... 191
11.5 OTS 认可 ... 192
11.5.1 OTS 认可介绍 ... 192
11.5.2 OTS 认可工作流程 ... 192
11.6 PPAP ... 192
11.7 工艺验证 ... 193
11.7.1 设计过程工艺验证 ... 193
11.7.2 生产线工艺验证 ... 193

第 12 章 产品设计变更

12.1 产品 SOP ... 195
12.1.1 预试生产及试生产 ... 195
12.1.2 正式 SOP ... 195
12.2 设计变更 ... 196
12.2.1 设计变更介绍 ... 196
12.2.2 SOP 前设计变更 ... 196
12.2.3 SOP 后设计变更 ... 197

附录 产品设计总布置图 ... 198
参考文献 ... 200

绪 论

0.1 新能源汽车行业介绍

自从 1886 年德国工程师卡尔·本茨设计制造出第一台公认的汽车以来，汽车作为工业时代的代表产品之一已经具有 130 多年的历史了。在整个 20 世纪，传统汽车也就是内燃机汽车占据了汽车行业绝对的主导地位，对人类生产、生活的方方面面都发挥了巨大作用。

可以说汽车不仅是一个产品，更是人类进步和文明的象征，与每个人都有着或多或少的联系。比如大家上学、工作、旅行等会用到公共交通或者自驾，大宗货物运输和普通快递运输会用到货车。还有最近几年在全球兴起的共享汽车业务，在方便人们出行的同时也产生了很多相关的工作，比如国内的滴滴、国外的 Uber 等。同时，汽车作为家庭的重要消费品，对于拉动国家经济发展也具有重要作用，发达国家的汽车保有量都是很高的，我国也正在快速增长阶段。

由于汽车行业关系到很多人，对许多行业都有重要影响，因此汽车行业是一个关键行业。纵观世界各国，发达国家的汽车行业都是非常成熟的。在最近 20 年，我国汽车行业有了突破性发展，从设计研发到生产售后，有了完整的产业链。2018 年全年，中国新车产销累计分别完成 2780.92 万辆和 2808.06 万辆，连续十年蝉联全球第一，我国已经成为全球最大的汽车市场，行业发展非常迅速。经过几代汽车人的努力，我国目前已经跻身于世界汽车强国之列。

进入 21 世纪以来，随着国际能源形势的进一步紧张，国际社会达成共识，未来汽车的发展方向就是新能源汽车。简单来说，就是在汽车上用其他能源替代传统的化石燃料，朝着可持续、绿色环保的方向发展汽车行业。各国也相继公布了停止传统车销售的时间表：

美国：将在2030年禁止传统燃油车上市销售。

荷兰：从2025年开始禁止在荷兰本国销售传统的汽油和柴油汽车。

挪威：从2025年起禁止燃油汽车销售。

德国：2030年后禁售传统内燃机汽车。

印度：计划在2030年禁售燃油汽车。

法国：从2040年开始，全面停止出售汽油车和柴油车。

英国：将于2040年起全面禁售汽车和柴油汽车。

日本：从2050年开始，日本汽车厂商在全球不再销售新的纯内燃机车型。

新能源汽车包括纯电动汽车（Battery Electric Vehicle，BEV）、插电式混合动力汽车（Plug-in Hybrid Electric Vehicle，PHEV）、增程式混合动力汽车（Range-Extended Hybrid Electric Vehicle，REEV）、燃料电池汽车（Fuel Cell Electric Vehicle，FCV）、天然气汽车（Liquefied Natural Gas Vehicle，LNGV）以及甲醇汽车（Methanol-Fueled Vehicle，MFV）等。

市场上最常见的新能源汽车是纯电动汽车（BEV）和插电式混合动力汽车（PHEV），这两类新能源汽车应用也最多，但以后燃料电池汽车（FCV）将是重要的发展方向，因为燃料电池汽车使用起来更为方便。目前最有发展潜力的燃料电池汽车是氢燃料电池汽车，只需要去加氢站加满氢就可以了，不需要长时间充电，和传统车的使用方式一样。我国已经开始着手大力发展氢燃料电池汽车，下一步的重点工作是建立基础设施，也就是加氢站等一系列配套设施，为推广氢燃料电池汽车的使用做准备。

2018年，新能源汽车产销分别完成127万辆和125.6万辆，占到国内2018年汽车总产销量的近5%，但却已经占全球新能源车产销量的一半了。因此我国是新能源汽车大国，在设计、生产和使用上已经走在领先的位置。为推广新能源汽车的使用，国内汽车限牌限购城市如上海、北京、广州、深圳、杭州等均对新能源汽车采取放宽政策，不限购、不限牌、不限行，为新能源汽车的使用提供最大的便利。

从汽车结构上来说，新能源汽车与传统汽车既有共同点又有差别。共同点在于新能源汽车也具有车身、内外饰、底盘、低压电气设备等零部件；差别在于新能源汽车还具有驱动电机、动力电池、其他高压电气设备等零部件，在动力方面替代了传统的发动机和变速器。本书主要讲述了行业内乘用车（即M1类车）的成熟设计开发过程和常用设计开发方法。设计与开发的含义不同，但目的都是为了使整车新产品能够顺利产生。设计一般是指从设计概念或者构想开始，从无到有完成目标结果；开发一般侧重于利用现有的内部或者外部资源，去完成目标结果。设计和开发都需要新产品工作的参与者付出努力去解决问题，推进项目的进展，因此将设计和开发统一称为"设计"。

0.2 专业术语解释

设计硬点（Hard point）：是指整车及关键零部件的关键点、线、面等信息，这些信息是具体设计工作的基础信息，主要包括了总布置设计硬点和底盘系统设计硬点。

汽车初步造型面（Concept A Surface，CAS）：CAS 可分为外造型和内造型两类。

A 面：是指更为精细的造型面。

H 点：H 点是指三维 H 点装置的躯干和大腿的铰接中心，它位于此模型两侧 H 点标记钮间装置的中心线上，如图 0-1 所示。

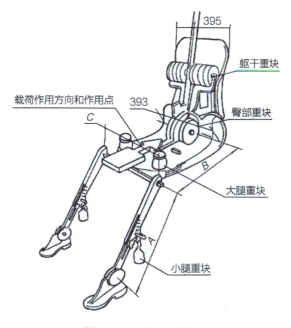

图 0-1　三维 H 点装置

R 点：即"乘坐基准点"，是指制造厂规定的设计 H 点，该点确定了由制造厂规定的座椅每个设计乘坐位置最后面的正常驾驶和乘坐位置，它考虑了所有座椅的可能调节状态（水平、垂直及倾斜）；具有相对于所设计的车辆结构建立的坐标；模拟人体躯干和大腿铰接中心的位置；作为安放二维人体样板的参考点[1]。

AHP 点：即踵点（图 0-2），鞋底部与未压下加速踏板接触，踝角在 87°时，鞋跟与受压地毯的交点。

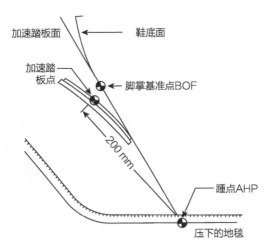

图 0-2 AHP 点和 BOF 点

BOF 点：即脚掌基准点（图 0-2），在实际设计中，等同于加速踏板点，距离 AHP 点 200mm。

A 级电压电路：最大工作电压小于等于 30V（交流电 AC），或小于等于 60V（直流电 DC）的电力组件或电路。

B 级电压电路：最大工作电压大于 30V（交流电 AC）且小于等于 1000V（交流电 AC），或大于 60V（直流电 DC）且小于等于 1500V（直流电 DC）的电力组件或电路[2]。

动力电池：根据 GB/T 19596—2017《电动汽车术语》的定义，动力电池是指由一个或一个以上蓄电池包及相应附件（蓄电池管理系统、高压电路、低压电路、热管理设备以及机械总成）构成的为电动汽车整车的行驶提供电能的能量存储装置[3]，如图 0-3 所示。GB/T 19596—2017 标准中的"电动汽车"即指新能源汽车。

电池单体（Cell）：下文简称"电芯"，是指直接将化学能转化为电能的基本装置和基本单元，是构成电池的基本元件，包括电极、隔膜、电解质和外壳等[4]。如特斯拉使用过的 18650 圆柱形电芯，如图 0-4 所示。

图 0-3 动力电池总成

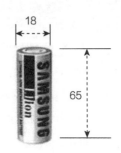

图 0-4 18650 圆柱形电芯

电池包（Battery Pack）：电池包是由多个电芯通过串联或并联构成的一个存储电能或对外输出电能的部件。

电芯排列方式：分为串联或并联，串联用 S 表示，并联用 P 表示。如 2P120S，表示两组 120 个电芯串联后并联。

电压平台：动力电池的总电压。

电池容量：电池在一定的放电条件下所能放出的电量，称为电池容量。常用单位为安培小时（A·h），它等于放电电流与放电时间的乘积。

电池总能量：电池总能量是指在一定放电条件下，电池所能输出的电能，单位是 kW·h，它影响新能源汽车的行驶距离。计算公式为

电池总能量（kW·h）= 电压平台（V）× 电池容量（A·h）÷ 1000

能量密度：是指动力电池单位质量所能输出的电能，单位是 W·h/kg。计算公式为

能量密度（W·h/kg）= 动力电池总能量（kW·h）÷ 电池总质量（kg）× 1000

电池管理系统（Battery Management System，BMS）：电池管理系统是用来对动力电池组进行安全监控和有效管理，保持动力电源系统正常应用和提高电池寿命的一种装置。具有采集电池电压、电流、温度的功能，并且安全可靠；具有精确的绝缘监测功能，确保整车系统的安全可靠；能够根据电芯采集信息，实时判断电池组工作状态和故障等级，实现电池组告警和保护功能；具有丰富的接口功能，能够满足多种场合的应用，方便实现电池组的重放电控制及温度控制等功能。

百公里电耗：新能源汽车每行驶 100km 所需要消耗的电能。

NEDC 工况：由 GB/T 18386—2017《电动汽车 能量消耗率和续驶里程 试验方法》规定的能量消耗率和续驶里程试验方法，该试验循环由 4 个市区循环和 1 个市郊循环组成，理论试验距离为 11.022km，时间为 19min40s，如图 0-5 所示。

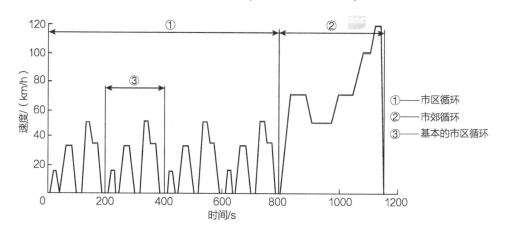

图 0-5 NEDC 工况试验方法

等速工况：由 GB/T 18386—2017《电动汽车 能量消耗率和续驶里程 试验方法》规定的能量消耗率和续驶里程试验方法，该试验进行（60±2）km/h 的等速试验，试验过程中允许停车两次，每次停车时间不允许超过 2min，当车辆行驶速度达到 GB/T 18386—2017 的要求时，停止试验。

荷电状态（State Of Charge，SOC）：是指动力电池内的可用电量占额定容量的比例，是

电池管理系统监测的一个重要参数，电池管理系统根据 SOC 状态控制动力电池的工作状态。

充电时间：充电时间是指动力电池充电至额定电量所需要的时间。

慢充：即交流电充电，可使用家用 220V 三相交流电对新能源汽车动力电池进行慢充，充电电流在数十安培，充电时间一般为 4~10h。

快充：即使用直流充电桩对动力电池进行充电，充电电流超过 100A，充电时间一般为 0.5~2h。

快充倍率：电池以某种电流强度充电的数值为额定容量数值的倍数，几倍就是几 C。电池分为低倍率（3C 以下）、中倍率（3~7C）、高倍率（7C 以上）以及超高倍率几种。

驱动电机（Motor）：是能把电能与机械能相互转换并为新能源车提供动力的一种设备（图 0-6），目前在新能源汽车上常用的是永磁同步电机和异步电机。

整车控制器（Vehicle Control Unit，VCU）：VCU 是新能源汽车整车控制系统的核心部件，处理整车的信号及数据，并发布动力电池、驱动电机等部件的工作指令，如图 0-7 所示。

图 0-6　驱动电机　　　　　　　图 0-7　整车控制器

电机控制器（Motor Control Unit，MCU）：MCU 是新能源汽车特有的核心功率电子单元，通过接收 VCU 的车辆行驶控制指令，控制电机输出指定的转矩和转速，驱动车辆行驶。MCU 能够实现把动力电池的直流电能转换为所需的高压交流电，并驱动电机本体输出机械能。同时，MCU 具有电机系统故障诊断保护和存储功能，如图 0-8 所示。

高压配电盒（Power Distribution Unit，PDU）：PDU 可以实现相关电器高压直流电的电力分配，是动力电池与用电器件的"中间桥梁"，具有过电流快速熔断保护功能，又叫电源分配单元，如图 0-9 所示。

图 0-8　电机控制器　　　　　　　图 0-9　高压配电盒

车载充电机（On-Board Charger，OBC）：将 220V 交流电（家庭用电）转化为动力电池电压值的直流电，然后对动力电池进行充电。在充电时间内将动力电池（总能量）充满，同时充电机通过 CAN 线与电池管理系统进行通信，电池管理系统将电池充电信息传给组合仪表，通过组合仪表显示电量、温度等信息。OBC 如图 0-10 所示，相关参数见表 0-1。

图 0-10 车载充电机

表 0-1 某款车载充电机的参数

参数	值	参数	值
输入电压（交流）/V	85~264	效率（%）	≥94
输出电压/V	250~450	电压纹波（%）	≤±2
额定功率/kW	6.6	工作温度/℃	-40~+85
输出电流/A	0~22	保存温度/℃	-40~+105
散热方式	液体冷却	防护等级	IP67

DC/DC 变换器：将动力电池输入的电压转化为能够满足整车低压用电器需要的 12V 电压；同时，具有为 12V 蓄电池充电的功能，类似于传统汽车的发电机。DC/DC 变换器如图 0-11 所示，相关参数见表 0-2。

绝缘栅双极型晶体管（Insulated Gate Bipolar Transistor，IGBT）：IGBT 是电流电压变换与传输的核心部件，也是逆变器的关键组成部分，在新能源汽车中具有重要作用。

图 0-11 DC/DC 变换器

表 0-2 某款 DC/DC 变换器的参数

参数	值	参数	值
输入电压/V	250~450	效率（%）	90
输出电流/A	0~200	控制精度（%）	≤1
额定功率/kW	2.0	工作温度/℃	-40~+85
输出电压/V	14.5±0.3	保存温度/℃	-40~+105
散热方式	液体冷却	防护等级	IP67

多合一控制器：把 MCU、PDU、充电机、DC/DC 变换器、转向控制器等控制器中的几个或者全部功能整合在一起的控制器，称为多合一控制器。

电加热器（PTC）：一种新能源汽车的电加热器，PTC 有两种，一种是水暖加热，一种是风暖加热。水暖 PTC 直接串联到电池水路，提高加热效率，缩短低温预热时间，与传统汽车的水暖空调类似，散热器加热空气效果好，能改善用户体验。风暖 PTC 在仪表台内部，通过空调鼓风机将电热丝周围的热空气吹向车内，加热效果一般没有水暖 PTC 好。

高压电缆：或者叫高压线束，是指用于传输和分配新能源汽车高压电的电力电缆，用橙色区别于其他低压线束，如图 0-12 所示。

维修开关：用于断开高压电，防止检修时触电的开关，如图 0-13 所示。维修开关一般为橙色（橙色在新能源汽车中表示高压），与动力电池连在一起，打开维修开关后，将切断动力电池的高压电。乘用车的维修开关一般位于乘员舱内，方便操作；商用车的维修开关位于前机舱内或者车辆尾部。

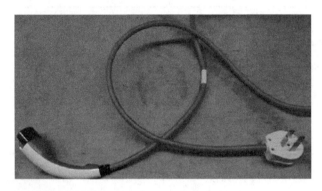

图 0-12　高压电缆

图 0-13　维修开关

热管理系统：热管理系统对整车零部件热环境进行制约、调节和利用。其目的是为了使整车及零部件工作在一个最佳的热环境，充分发挥零部件的性能。同时，提供一个能量平衡的环境，实现整车能量的综合利用。具体而言，热管理就是在零部件温度过高时，对系统进行降温；在温度过低时，对系统进行升温；在特殊情况下，譬如在停车等待过程中，要对某些系统进行保温。总之，与热量有关的系统，都可以认为是热管理系统的一部分。

散热器：散热器是热管理系统的一部分，其原理是利用空气流动降低散热器内的冷却液温度。

水冷：即液体冷却，通过冷却液的循环流动冷却零部件，同时受热的冷却液通过散热器在空气中散热，带走热量。

风冷：即空气冷却，通过空气流动冷却零部件，零部件表面积一般较大，易于在空气中散热。

热交换器（Chiller）：Chiller 是新能源汽车上一种紧凑型的冷却装置，动力电池的冷却液流经 Chiller 中的蒸发器，蒸发器中的制冷剂通过热交换将冷却液的热量带走，从而降低冷却液温度。

再生制动（能量回收）：新能源汽车可以在制动时，把机械能转换成电能，通过电机给动力电池进行回馈充电，即制动能量回收。

ECO（Economy）驾驶模式：即节能驾驶模式。

驾驶辅助（Advanced Driving Assistant System，ADAS）：即高级驾驶辅助系统，具有以下 5 项功能。

1）**车道偏离预警（LDW）**：当车辆无意中偏离车道时，LDW 会向您发出警报。如果您在换道时使用转向灯，则不发出警报。

2）**变道辅助预警（LCA）**：当车速大于 30km/h 时，自动激活雷达 LCA 功能，主要用于对远距离靠近的车辆目标进行探测。雷达通过持续扫描车辆后方 70m 的区域，确定若驾驶员变道时是否会有潜在危险。当相邻车道 70m 内的车辆自后方靠近，通过在探测到目标一侧的车门后视镜拐角位置亮起橙色警告灯来发出警示。

3）**自适应巡航控制（ACC）**：通过车距传感器的反馈信号，ACC 控制单元可以根据靠近车辆物体的移动速度判断道路情况，并控制车辆的行驶状态；通过反馈式加速踏板感知驾驶员施加在踏板上的力，ACC 控制单元可以决定是否执行巡航控制，以减轻驾驶员的疲劳。

4）**自动紧急制动（AEB）**：当系统判断车辆即将与前方目标发生碰撞时，主动制动以避免或减轻碰撞。

5）**自动泊车入位（APA）**：驾驶员启动 APA Switch 后，系统的环视摄像头和长距雷达自动扫描合适的车位，APA 控制器计算出最佳的停车轨迹，并发出控制指令给执行机构，例如电动助力转向系统（EPS）及车身稳定控制系统（ESC）等，以完成全自动泊车过程。

车联网（Internet of Vehicle，IOV）：新能源汽车的车载无线通信模块可以连接互联网，通过采集车辆运行信息并上传数据中心，可以实时获取车辆的运行信息及交流信息；同时，数据中心可以根据这些信息为车辆提供各类服务，是将车辆与网络联系起来的一项技术。

防护等级（Ingress Protection，IP）：系统将电器的防尘防水特性加以分级。这里所指的电器含工具、人的手指等均不可接触到的电器内部带电部分。防护等级是由 2 个数字所组成，第 1 个数字表示电器防尘、防止外物侵入的等级；第 2 个数字表示电器防湿气、防水侵入的密闭程度，数字越大表示其防护等级越高。IP 后第 1 位数字：防尘等级从 0~6 逐渐增大；0 级是无防护；6 级防护范围是防止外物及灰尘，要求完全防止外物及灰尘侵入。IP 后第 2 位数字：防水等级从 0~8 逐渐增大；0 级是无防护；8 级是防止沉没时水的浸入，要求电器无限期沉没在指定的水压下，可确保不因浸水而造成损坏。举例来说，IP65 和 IP67 都是完全防尘，但防水等级不同；IP65 防止喷射的水浸入，即防止来自各个方向由喷嘴射出的水侵入电器而造成损坏；IP67 防止浸水时水的浸入，即电器浸在水中一定时间或水压在一定的标准以下，可确保不因浸水而造成损坏。

NVH：汽车 NVH 是指在汽车驾乘过程中，驾乘员感受到的噪声（Noise）、振动（Vibration）和声振粗糙度（Harshness），汽车 NVH 性能是整车舒适性能的一部分。

SOP（Start of Produce）：开始批量投产，即量产。

上电：即给新能源汽车整车通电，一般是点火开关打到 ON 档即上电，此时仪表会显示"READY"。

P 位：即驻车档，停好车后，需要将档位挂入 P 位。

EMC（Electromagnetic Compatibility）：即电磁兼容。

制动防抱死系统（Antilock Brake System，ABS）：该系统在汽车制动时，控制制动器制动力的大小，使车轮不被制动器抱死，防止车辆发生打滑失去控制。

驱动防滑系统（Acceleration Slip Regulation，ASR）：该系统防止汽车驱动轮在雨雪冰冻及泥泞路面加速时出现打滑。

车身稳定控制系统（ESC/ESP/VSC）：包含制动防抱死系统（ABS）和驱动防滑系统（ASR）的功能，该系统主要对车辆纵向和横向稳定性进行控制，保证车辆按照驾驶员的意识行驶。当驱动轮打滑时，系统通过对比各个车轮的转速，判断出驱动轮是否打滑，并对打滑的驱动轮进行制动，控制电机给出最合理的动力输出，从而防止驱动轮发生打滑，提升车辆的安全性和操控性。

乘员辅助约束系统（Supplemental Restraint System，SRS）：SRS 包含安全带、安全气囊系统及安全带预紧。

暖通空调系统（Heating Ventilation and Air Conditioning，HVAC）：HVAC 既可以制冷、制热，还可以起到通风作用。

抬头显示系统（Head Up Display，HUD）：该系统将车速、电耗、电机转速、导航等车辆运行信息投影到风窗玻璃上，使驾驶员在驾驶过程中能够很方便地观察到这些信息。

儿童约束装置与车辆的固定系统（International Standards Organization FIX，ISOFIX）：使用该固定系统，可以将儿童安全座椅固定在车辆后排。

前置前驱：即动力总成前置，前轮驱动。

独立悬架：每个车轮单独通过一套悬架安装在车身或者车架上，使得车辆两侧的车轮在受到冲击及发生运动时互不影响，缓冲与减振性能较好，乘坐舒适性较高。

非独立悬架：车辆两侧车轮通过一套车桥安装在车身或者车架上，两侧的车轮在受到冲击及发生运动时会相互影响，乘坐舒适性较独立悬架差。

三厢车：这是根据车辆外形来区分的一个统称，是指车身结构由三个不同空间所组成的车，三个厢分别为车辆前部的机舱、中部的乘员舱和后部的行李舱，如图 0-14 所示。

图 0-14 三厢车（轿车 Sedan）

两厢车：两厢车也具有前机舱、乘员舱和行李舱，只是行李舱与乘员舱在外形上融为一体，不像三厢车的行李舱那么明显，如图 0-15 所示。

图 0-15 两厢车（SUV）

Sedan：即轿车，包括了普通三厢轿车、轿跑车、跑车、旅行车、溜背车等。

SUV（Sport Utility Vehicle）：即运动型多用途车，包括越野车、城市 SUV 等。其最大的特点就是车身离地间隙高，整车通过性好。

MPV（Multi-Purpose Vehicle）：即多用途车，包括商务车、家庭 MPV（图 0-16）等，最大的特点就是空间大。

图 0-16 家用 MPV

M1 类车：根据 GB/T 15089—2001《机动车辆及挂车分类》的定义，M1 类车是指包括驾驶员座位在内，座位数不超过九座的载客车辆[5]，M1 类车其实就是乘用车。

乘用车：指主要用于载运乘员及其随身行李的汽车，不超过 9 个座位。一般为家用或者企业使用的非营运车辆，主要包括轿车、SUV 及 MPV。

商用车：用于运输人员和货物的汽车，一般为营运性质的客车和货车。

0.3 设计软件介绍

根据专业不同，可以把汽车设计分为项目管理、造型、总布置、物料清单（BOM）及数据管理、动力总成、底盘、车身、电气、内外饰、整车性能、CAE、试制试验、法规等专业。汽车厂商的研发机构，各个专业划归的部门可能有所不同，但各专业都会存在，以完成相应的工作。目前汽车的设计工作，早就已经告别了过去手画图样的方式，除了少量造型的工作由手工完成以外，其他设计工作基本采用计算机完成，经常听到的图样，在设计时也是数字图样。用计算机设计的最大好处就是准确、效率高、成本低、可重复性好。通过计算机进行汽车设计，需要用应用软件作为设计工具，不同的专业会用到不同的设计软件。比如造型设计，常用的设计软件是 Alias、Photoshop；性能分析常用的是 Cruise；CAE 分析常用的软件有 Adams、Hypermesh、Ansys、Abaqus、Nastran 等；BOM 及数据管理常用的是 TC 系统、PLM 系统；其他工程类专业常用的设计软件是 CATIA、UG、AutoCAD、ProE 等。读者可以根据自己以后的专业发展方向，提前熟悉专业软件的使用。

CATIA（Computer-graphics Aided Three-dimensional Interactive Application）是法国 Dassault 公司于 1975 年起开始发展的一套完整的 3D CAD/CAM/CAE 一体化软件。它的内容涵盖了产品从概念设计、工业设计、三维建模、分析计算、动态模拟与仿真、工程图的生成到生产加工成产品的全过程，其中还包括了大量的电缆和管道布线、各种模具设计与分析、人机交换等实用模块。CATIA 不但能够保证企业内部设计部门之间的协同设计功能，还可以提供企业整个集成的设计流程和端对端的解决方案。CATIA 大量用于航空航天、汽车及摩托车行业、机械、电子、家电与 3C 产业、NC 加工等各方面。由于其功能强大而完美，CATIA 已经几乎成为三维 CAD/CAM 领域的一面旗帜和争相遵从的标准，特别是在航空航天、汽车及摩托车领域，CATIA 一直居于统治地位。法国的幻影 2000 系列战斗机就是使用 CATIA 进行设计的一个典范，而波音 777 客机使用 CATIA 完成无图样设计，更造就了 CAD 领域内的一个神话。另外 CATIA 还用来制造米其林轮胎、伊莱克斯电冰箱和洗衣机、3M 公司的黏合剂和利尔轿车的内饰，还有 ABB 公司制造的火车和通用动力公司建造的核潜艇。索尼公司利用 Catia 软件完成了 1700 万件零件的制造。全世界半数左右的汽车制造商也用这套软件。在国内，几乎所有的航空工厂、半数以上的汽车厂商都在使用 CATIA，哈尔滨飞机制造公司用 CATIA 来设计 EC120 直升机，从造型到数控编程，实现了超精加工。Dassault 公司与 MSC 公司的强强合作，加强了其 CAE 模块，并且发展出基于 CATIA 的 MSC.visualNastran V5i 有限元分析软件。CATIA 已经逐渐成为国内外大学院校相关专业学生必修的专业课，也成为工程技术人员必备的技能。IBM/Dassault 一贯对开发很重视，CATIA 的新产品的开发非常迅速。目前的 CATIA 覆盖了产品开发的整个周期，并且一直保持着其技术领先的优势。开始之初，受计算机硬件的限制，CATIA V4 版本是工作站版本，运行在 UNIX 系统下面，随着计算机硬件的飞速发展，CATIA 推出了运行在个人计算机（PC）上的版本 CATIA V5。CATIA V5 不但具有 V4 版本的强大功能，还增加了许多新的特性。CATIA V5 基于 Windows 的操作界面非常友好，使得复杂的设计工作变得简单，枯燥的工作变得愉快。CATIA V5 包含的模块有（以 P3 版本为例）：基础结构模块、机械设计模块、曲面造型模块、分析模块、AEC 工厂模块、NC 加工模块、数字模型模块、设备和系统模块、数字程序和加工模块、人机工程设计和分析模块等，各个模块都具有强大的功能。在机械设计模块中，有专门的航空钣金件设计模块；强大的曲面造型能力是 CATIA 尤为值得称道的地方，该模块中有专门针对汽车设计的模块[6]。

第1章 新能源汽车概述及设计开发流程

1.1 新能源汽车概述

1.1.1 新能源汽车的定义

经常听到"新能源汽车"这个词,那到底什么是新能源汽车?它与传统汽车的区别是什么?可以从两个方面去理解,一个是使用的能量来源,另一个是动力系统。

传统汽车的能量来源主要是汽油、柴油等由化石原料提炼的燃料,不可再生,用一点就少一点,而且在使用过程中,内燃机燃烧燃料会产生污染物,如硫化物、PM2.5 等,会对资源及环境造成不良影响,不是一种可持续的发展模式。

目前行业达成共识的新能源汽车的能量来源主要是电能,电能可由其他形式的可再生能源转化而来,比如水电、光伏发电、风电、氢能等,这些能源无污染、可再生,符合当今世界可持续发展的目标。

在动力系统方面,传统汽车使用内燃机和变速器作为动力输出单元,简称"动力总成"或者"Powertrain"及"PT"。内燃机也就是平时大家所说的"发动机"。内燃机技术发展历史较长,技术成熟,但有一个较大的缺陷,就是能量利用效率较低,能量转化率一般不超过30%。

新能源汽车的动力输出单元由驱动电机和变速器组成,这里的电机与我们平时所说的电动机既有区别又有联系。联系是驱动电机可以利用电能产生旋转运动,提供动力输出;区别是驱动电机还能在一定条件下发电,产生电能,而不是像电动机一样只消耗电能。驱动电机的效率相对传统内燃机大幅提高，很多能达到90%以上。

总之，新能源汽车是在传统汽车的基础上发展起来的，使用电能为主要能源，以驱动电机为动力输出单元的新一代汽车。因此，通过能量来源和动力系统两个方面来识别是否为新能源汽车，简易且方便。

1.1.2 新能源汽车的特点

新能源汽车与传统汽车既有联系又有其自身的特点。除了具有传统汽车的车身、底盘、内外饰、低压电气系统（即A级电压）外，新能源汽车最大的特点就是具有高压电气系统（即B级电压）。高压电气系统主要包括动力电池和高压用电设备。动力电池为新能源汽车提供能量，相当于传统汽车的燃料（汽油或者柴油）；而高压用电设备使用动力电池的能量，能让新能源汽车工作起来，相当于传统汽车的动力总成及附件。

新能源汽车的动力电池由电芯及电池外壳组成。电芯是动力电池的基本单元，类似于常见的5号干电池，但体积较大，数量较多。举例来说，特斯拉Model S（图1-1）具有7000个"18650"的电芯，"18650"是指电芯的规格，"18"是指电芯的直径为18mm，"65"是指电芯的长度为65mm。根据电芯使用材料的不同，目前常用的动力电池主要有两种，一种是磷酸铁锂电池，另一种是三元锂电池。

图1-1 特斯拉Model S纯电动汽车

衡量动力电池性能的指标主要有能量密度、安全性等。能量密度是指单位质量所具有的能量，单位是$W·h/kg$；安全性是指不易燃易爆且耐高温等。磷酸铁锂电池能量密度较低，但安全性较好；三元锂电池能量密度较高，但安全性较磷酸铁锂电池差。

动力电池的电压较高，一般为300~500V，直流电。假如某新能源汽车的动力电池电压为460V，我们称该车的电压平台为460V，相当于传统汽车的发动机排量。动力电池具有一定的能量，用$kW·h$来表示，$kW·h$这个单位在日常生活用电中一般叫"度"，相当于传统汽车的油箱容积单位"升"。比如新能源汽车的动力电池总能量为$50kW·h$，那我们就说这个新能源汽车有50度电。

电压、电流和动力电池总能量有一个换算公式，即

$$动力电池总能量（kW·h）= 电压平台（V）\times 电池容量（A·h）\div 1000$$

衡量传统汽车经济性的指标是燃料消耗量（俗称油耗），用每百公里消耗的燃油来表示，单位是 L/100km，这也就是新车车身玻璃上贴的黄色燃料消耗量标识所体现的数字。新能源汽车同样有经济性这一指标，称为电耗，用每百公里消耗的电能来表示，单位是 kW·h/100km。电耗数字越低，说明越节能。

从 2015 年开始，财政部和工信部根据新能源汽车的技术指标，给予了一定的财政补贴，以促进新能源汽车产业的发展和应用推广。2019 年国家发布的新能源乘用车补贴情况见表 1-1。

表 1-1 2019 年新能源乘用车补贴情况

车辆类型	补贴标准		
纯电动乘用车	250km≤R<400km	R≥400km	R≥50km
	1.8 万元	2.5 万元	—
插电式混合动力乘用车（含增程式）	—		1 万元

注：1. 纯电动乘用车单车补贴金额 = Min ｛里程补贴标准，车辆带电量×550 元｝×电池系统能量密度调整系数×车辆能耗调整系数。

2. 对于非私人购买或用于营运的新能源乘用车，按照相应补贴金额的 0.7 倍给予补贴。

3. R 为纯电动续驶里程（工况法）

1.1.3 新能源汽车各大系统组成

前文曾提到，新能源汽车从传统燃油汽车演变而来，因此其组成系统既有传统燃油汽车的部分，也有新能源汽车特有的部分。延续传统燃油汽车的部分主要是车身系统、底盘系统、内外饰系统以及电气系统的低压部分；新能源汽车特有的部分是动力总成系统以及电气系统的高压部分，如图 1-2 所示。

图 1-2 新能源汽车各大系统组成

1. 动力总成系统（含高压电气系统）

新能源汽车的动力总成主要由驱动电机（带变速器）、电机控制器、动力电池及电池管理系统、PDU、充电机、DC/DC 变换器、高压电缆（或线束）等组成；对于混合动力新能源汽车来说，还包括传统的发动机及其 5 大系统、发动机附件、增程器（增程式混合动力）等，如图 1-3 所示。

图 1-3　新能源汽车动力总成系统

（1）动力电池及电池管理系统

目前行业内常用的动力电池主要是磷酸铁锂电池和三元锂电池。动力电池（图 1-4）为新能源汽车提供能量，电池管理系统负责对动力电池进行安全监控和有效管理，以保证动力电源系统正常工作，是技术含量较高的一个系统。动力电池及电池管理系统的稳定性及可靠性，也决定了整车的性能。

（2）充电系统

充电系统分为交流充电和直流充电，交流充电为慢充，直流充电为快充。可使用家用 220V 三相交流电通过车载充电机（图 1-5）对动力电池进行慢充，充电时长 4~8h。车载充电机的主要作用是把交流电转换为直流电（即逆变过程），给动力电池充电，具有过电压过电流保护、限电压限电流等功能。整车控制器控制车载充电系统，保证动力电池和人员安全。

图 1-4　动力电池

图 1-5　车载充电机

直流充电电流较大,一般充电电流超过100A,需要加装专用的直流充电桩(图1-6)才能使用,充电时长0.5~2h。

图1-6 直流充电桩

交流充电和直流充电基本过程如图1-7所示。

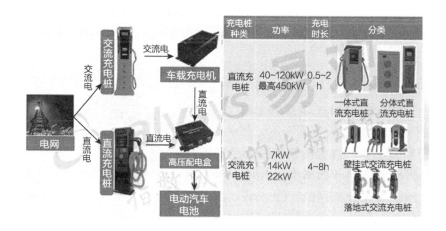

图1-7 交流充电和直流充电

(3) DC/DC 变换器

DC/DC 变换器(图1-8)可将动力电池输入的电压,转化为能够满足整车低压用电器需要的12V电压;同时,具有为12V蓄电池充电的功能,类似于传统汽车的"发电机"。动力电池及蓄电池都是直流电,DC/DC变换器将高压直流电转变为低压直流电,同时将电流改变为所需的频率。

(4) PDU

高压配电盒(Power Distribution Unit,PDU)

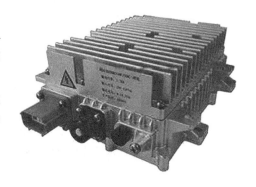

图1-8 DC/DC 变换器

可实现相关电器高压直流电的电力分配,是动力电池与用电器的"中间桥梁",具有过电流快速熔断保护功能,又叫电源分配单元,如图1-9所示。PDU将电能分配到电机控制器、DC/DC变换器、PTC、转向控制器、空调压缩机控制器等高压用电器,同时PDU还连接交流充电机和直流充电接口,为动力电池充电。

图1-9 PDU

(5) 驱动电机及电机控制器

驱动电机(图1-10)是能把电能与机械能相互转换并为新能源汽车提供动力的一种设备,由电机控制器(MCU)控制其工作,目前在新能源汽车上常用的是永磁同步电机和异步电机。

MCU是新能源汽车特有的核心功率电子单元,它通过接收整车控制器(VCU)发出的车辆行驶控制指令,控制电机输出指定的转矩和转速,驱动车辆行驶。MCU可把动力电池的直流电能转换为所需的高压交流电,并驱动电机输出机械能。同时,MCU具有电机系统故障诊断保护和存储功能。MCU由外壳及冷却系统、功率电子单元、控制电路、底层软件和控制算法软件组成,具体结构如图1-11所示。

图1-10 驱动电机

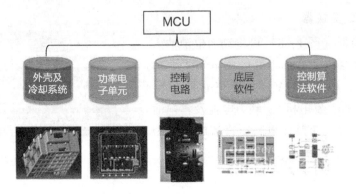

图1-11 MCU的组成

电机控制器通过 U、V、W 三相线与驱动电机连接，并控制驱动电机的工作，如图 1-12 所示。

图 1-12　电机控制器

（6）PHEV 动力总成

插电式混合动力汽车具有传统汽车的发动机系统及变速器，变速器的外观与传统汽车的变速器差别不大，一般也是从传统汽车变速器转变而来，PHEV 电机就位于变速器的内部。在动力电池电量充沛的情况下，插电式混合动力汽车运行的模式如同纯电动汽车，发动机不工作；当动力电池电量不足时，插电式混合动力汽车将会切换到传统汽车的运行模式，即发动机燃烧化石燃料产生动力并驱动汽车行驶至可以充换电的场所。插电式混合动力汽车的油箱比较小，是一种备用的能量储备措施，油料大约能维持行驶 200km 左右，防止车辆因动力电池电量不足而抛锚。因此，插电式混合动力汽车的主要能量来自于动力电池。插电式混合动力汽车避免了纯电动汽车因动力电池电量不足而抛锚的风险，比较实用，较为适合目前的新能源汽车发展阶段，因此应用也较多。PHEV 动力总成如图 1-13 所示。

图 1-13　PHEV 动力总成

（7）增程器

增程式混合动力汽车具有增程器（图 1-14），增程器其实就是发动机和发电机的组合体，发动机燃烧化石燃料输出动力，驱动发电机运转发电，进而给动力电池充电。增程式混合动力汽车的运行模式是在动力电池电量充沛的情况下，汽车运行如同纯电动汽车；当动力电池电量不足时,增程器开始运转并给动力电池充电,使汽车能够行驶至可以充换电的场所。同样,增程式混合动力汽车的油箱也比较小,也是一种备用的能量储备措施,当增程器开始工作时,应立即驶往就近的充换电场所,切不可继续驶往他处,以免车辆抛锚。

增程器具有完整的发动机系统,但是发动机只进行发电作业,给动力电池提供电能,不直接参与动力输出。

图 1-14 增程器

2. 底盘系统

新能源汽车的底盘系统与传统汽车的底盘系统基本一致,都有行驶系统、制动系统、转向系统、传动系统四大系统。略有差异的是,新能源汽车的转向系统均为电动助力转向(EPS),没有传统汽车的机械液压助力转向;另外,新能源汽车的制动系统在制动时,具有能量回收功能(即再生制动),这也是一般传统汽车所不具有的。

(1) 行驶系统

新能源汽车的行驶系统主要由悬架系统和车轮系统组成,与传统汽车没有区别,如图1-15所示。悬架系统主要分为前悬架、前副车架、后悬架和后副车架。

图 1-15 行驶系统

(2) 制动系统

新能源汽车的制动系统与传统汽车略有差别,主要由制动器、真空泵、真空罐、真空助力器（带制动踏板）、制动管路、ABS 或者 ESC 等组成。新能源汽车的制动系统比传统汽车多了真空泵和真空罐，它们的作用相当于传统汽车发动机产生真空助力的效果。新能源汽车的真空助力系统如图 1-16 所示。

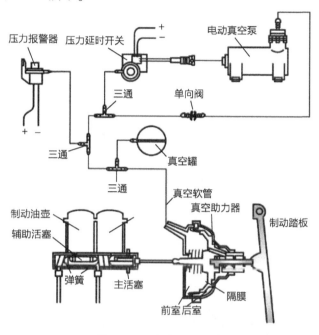

图 1-16　真空助力系统

新能源汽车在行驶时由驱动电机驱动，在制动时，可以进行能量回收（或者叫再生制动）。驱动电机主要是由定子和转子组成的，在新能源汽车加速时，通过电磁感应现象，将电能转化为动能，为车辆提供动力。能量回收的原理是当新能源汽车减速或者制动时，车辆将切断驱动电机的电源，驱动电机由于惯性会继续转动，此时通过电路切换，在定子中提供一个功率较小的励磁电源，该电源也将产生一个磁场。通过转子的相对运动切割定子的绕组，定子在磁场中感应出电动势（也称逆电动势），此时相当于驱动电机反转，功能与发电机相同，将机械能转化为电能，用于给动力电池充电，即制动能量回收（图 1-17）。与此同时转子受力减速，形成了制动力，这两个过程合称为再生制动。

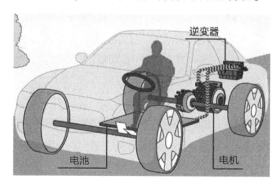

图 1-17　能量回收

(3) 转向系统

新能源汽车转向系统采用如图 1-18 所示的电子助力转向，即 EPS。EPS 通过 EPS 电机实现助力，EPS 控制器控制 EPS 电机的工作。

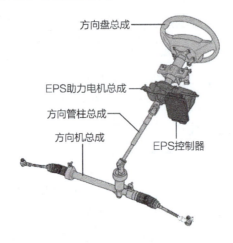

图 1-18　EPS

(4) 传动系统

新能源汽车的传动系统也与传统汽车一样，主要包括传动轴、减速器（含差速器）及分动器。很多减速器集成在变速器中，一些后驱车型在后轴上单独设置减速器。根据不同的驱动方式，有前置前驱（FF）、前置后驱（FR）、中置后驱（MR）、后置后驱（RR）、四轮驱动（AWD 或者 4WD）等，驱动电机布置在前车轮轴之前称为前置，布置在后车轮轴之后称为后置，布置在前后车轮轴之间称为中置。前置后驱或者四轮驱动的方式一般会有中间传动轴，如图 1-19 所示。

图 1-19　传动轴

3. 车身系统

车身系统主要分为两大部分，即白车身（图 1-20）和开闭件。白车身和开闭件这两大部分又包括前端模块、前纵梁、前机舱盖、前围板、轮罩、前翼子板、前地板、中地板、后地板、顶盖、侧围、后围板、前门、后门、行李舱盖、充电口盖等系统。

图 1-20 白车身

(1) 下部车身系统

一般把前端模块、前纵梁、前围板、轮罩、前地板、中地板、后地板等下部的车身系统称为下部车身。动力总成系统、底盘系统、部分电气系统等都是固定在下部车身上的,一般将这个整体称为平台。

(2) 上部车身系统

一般把前机舱盖、前翼子板、顶盖、侧围、后围板、前门、后门、行李舱盖、充电口盖等系统称为上部车身,上部车身一般与造型紧密相关。

4. 电气系统(低压)

这里的电气系统主要是指低压电气系统。低压电气系统主要包括前组合灯、后组合灯、高位制动灯、室内灯、前雾灯、整车开关、组合仪表、防盗系统、空调管路、空调控制面板、HVAC、风窗洗涤器、整车线束、音响主机、扬声器、空气净化器、车身控制器、电喇叭、蓄电池、点烟器、倒车雷达系统、刮水器电机等。另外,由于新能源汽车具有智能网联功能,在传统汽车的基础上进行了功能升级,产生了智能电控系统,主要包括 ADAS 系统、T-box 系统等。

(1) HVAC 系统

HVAC 系统也就是暖通空调系统,具有制冷、制热和通风功能。新能源汽车的制冷与传统汽车类似,只是空调压缩机由电力驱动,而不是发动机。制热采用的是 PTC 加热器,基本原理是通过电能加热 PTC 中的发热元件,从而产生热量。PTC 一般有两种,一种布置在空调主机内,由发热元件直接加热空气,如图 1-21a 所示;另一种布置在前机舱内,加热元件加热冷却液,并把冷却液送入空调主机的散热器,从而加热空气,如图 1-21b 所示。一般来说,后一种制热效果更好,但能耗和成本也更高。

a)　　　　　　　　　　　　　　b)

图1-21　PTC加热器

(2) 智能电控系统

新能源汽车的智能化水平较传统汽车提升不少，如ADAS系统和T-box系统。

高级驾驶辅助系统（Advanced Driving Assistance System，ADAS）如图1-22所示，具有车道偏离预警（LDW）、变道辅助预警（LCA）、自适应巡航控制（ACC）、自动紧急制动（AEB）、自动泊车入位（APA）等功能。

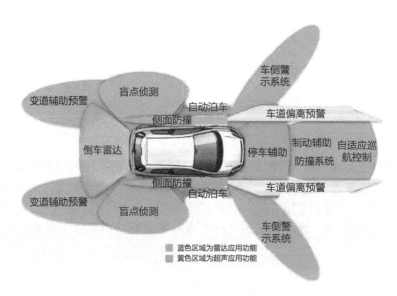

图1-22　ADAS系统（见彩插）

新能源汽车的车载无线通信模块，即T-box系统，可以连接互联网，通过采集车辆运行信息并上传至数据中心，可以实时获取车辆的运行信息及交流信息；同时根据这些信息，数据中心可以为车辆提供各类服务。此技术更广为人知的名称是"车联网"技术，如图1-23所示。

第1章 新能源汽车概述及设计开发流程

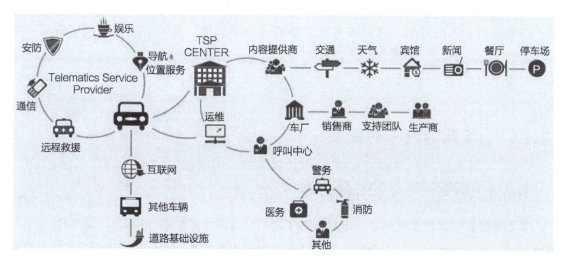

图 1-23 车联网技术

5. 内外饰系统

新能源汽车的内外饰系统分为外饰系统和内饰系统两大部分，如图 1-24 所示，与传统汽车没有区别。

图 1-24 内外饰系统（见彩插）

（1）外饰系统

外饰系统主要包括前保险杠总成、后保险杠总成、前格栅（即中网）、前风窗玻璃、后风窗玻璃、车窗玻璃总成、外后视镜、前后轮罩挡泥板、顶盖饰条、前三角窗护盖、刮水器通风盖板、行李舱门外装饰条、动力总成下护板、门槛装饰板、标牌总成等。

（2）内饰系统

内饰系统主要包括前座椅总成、后座椅总成、仪表台总成、副仪表台总成、前车门护板总成、后车门护板总成、行李舱门护板总成、地毯总成、A柱护板、B柱护板、侧围护板、顶篷总成、内后视镜、遮阳板总成、顶部内拉手总成、后部置物板总成、行李舱盖板等。

1.2 新能源汽车的发展

1.2.1 新能源汽车的发展趋势

大力发展新能源汽车已经在全世界达成了共识，各国政府都十分重视，一些国家制定了内燃机汽车的退出时间表。这里的退出，主要是指新内燃机汽车的生产和销售，将在一段时期后停止，而原有存量的内燃机汽车可以正常使用和交易。

"三电技术"是新能源汽车的关键核心技术，即动力电池、驱动电机及电控技术，如图1-25所示。目前来说，动力电池技术成为新能源汽车发展的重大技术障碍。目前新能源汽车以纯电动为主，以动力电池提供的电能为能源。而动力电池技术尚不够成熟，充电时长问题、电量衰减问题、安全问题、使用寿命及成本问题都是亟待解决的问题。

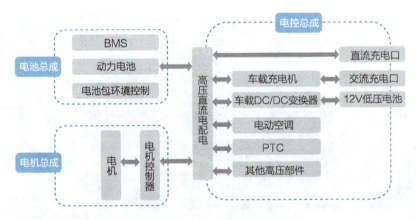

图1-25 三电技术

由于目前动力电池技术尚不成熟，接下来的一段时间，氢燃料电池汽车将会得到大力推广。因为氢燃料电池汽车的使用条件很接近传统的内燃机汽车，电量不足时，去就近的"加氢站"加注"氢燃料"就可以了。氢燃料电池通过化学反应产生电能，不用充电，省时方便。

然而，氢燃料电池汽车目前在市场上应用较少，原因是"加氢站"这类基础设施尚待建设，需要投入巨大的人力财力物力才能完善，不是一朝一夕能够完成的，需要有个过程。我国已经开始进行基础设施的建设，国家新能源汽车产业政策也鼓励研发使用氢燃料电池汽车，局部地区已经开始应用氢燃料电池汽车，比如公共汽车。

由于目前纯电动汽车的发展受限于动力电池技术，而氢燃料电池汽车的发展受限于基础设施的建设，因此，使用动力电池和化石燃料的混合动力汽车成为过渡阶段的新能源汽车产品。国家新能源汽车产业政策将前文介绍的插电式混合动力汽车（PHEV）和增程式混合动力汽车（REEV）确定为新能源汽车，对其进行补贴、扶持和推广。混合动力汽车以电能为能源，驱动汽车行驶，只有在动力电池电量即将耗尽时，才使用化石燃料，以便汽车能行驶到充电站或者换电站。

这里所说的混合动力汽车有别于平时所说的"油电混合动力汽车"。"油电混合动力汽车"一般是指在某些工况（汽车的工作情况）下，比如起步低速阶段或者跟车低速行驶阶段，汽车使用电能驱动汽车，节省了一部分燃油；而在大多数情况下，该类车仍然使用化石燃料燃烧产生能量驱动汽车。因此，"油电混合动力汽车"只是一种省油的传统内燃机汽车，并非新能源汽车，比如汽车厂家会宣传其百公里油耗仅为2L等。

1.2.2 新能源汽车的地位

目前在全世界范围内，内燃机汽车仍然是占绝对优势的，未来10~20年内燃机汽车数量也仍将占多数，但是新能源汽车是未来汽车的发展方向，将在一段时间后，慢慢取代内燃机汽车。

我国在全国范围内制定各种政策大力推广新能源汽车，如不限行、不限号、不限购、购置补贴、充电补贴等，鼓励汽车厂家研发生产和用户使用。目前我国每年的新能源汽车产销量占汽车总体销量约5%，已达到百万级，占到全球每年一半的新能源汽车销量，我国已经成为全球最大的新能源汽车市场。新能源汽车是汽车技术的制高点，我国已经处于全球领先的地位，我国新能源汽车的发展具有很大潜力。

1.3 新能源汽车设计开发流程

新能源汽车作为一个工业产品，具有完整的设计开发流程，主要涵盖了6个阶段，分别是产品规划、产品概念开发、产品工程设计开发、产品试制试验与认证、产品生产准备、产品批量试生产与投产。根据不同阶段的工作特点与属性，将这些阶段分成了9个节点，也称为阀点，分别是PreG8、G8、G7、G6、G5、G4、G3、G2、G1。整个设计开发流程如图1-26所示。

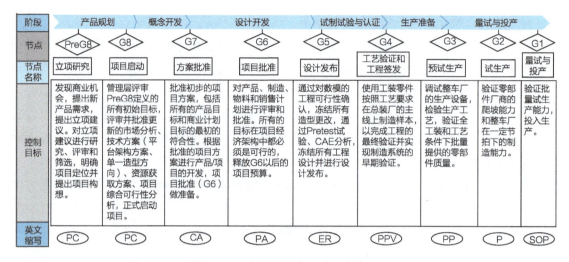

图1-26 新能源汽车设计开发流程

1.3.1 新能源汽车设计开发流程介绍

（1）PreG8 阀点

PreG8 阀点即立项研究（简称 PC），需要完成以下几项工作：

1）产业调查、市场分析、政策法规变化、客户需求分析、竞争分析、产品组合与配置诉求、造型诉求。

2）技术进步分析，新技术、新工艺、新材料应用分析。

3）定义项目基本需求，分析资源需求。

4）造型方向性草图（8个）。

5）批准项目研究的预算。

6）项目的经济影响评估、确定项目宏观目标和计划。

（2）G8 阀点

G8 阀点即项目启动（简称 PC），需要完成以下几项工作：

1）项目综合可行性分析（制造、进度、预算、经营要求）。

2）产业和市场分析、产品诉求。

3）初始的产品设计任务书（或产品设计规范 VTS）和平台（含电器）构架方案，专用件清单。

4）标杆车和参考车的分析与研究，政策法规研究。

5）造型预认可，确定基于造型草图的单一造型方向（含工程分析）。

6）造型相关长周期、构架和动力总成采购件的供应商清单。

7）项目总预算和各部门 G8～G6 的详细预算。

8）初始目标成本。

9）项目的主计划。

(3) G7 阀点

G7 阀点即方案批准（简称 CA），需要完成以下几项工作：

1）完善项目综合可行性分析。

2）完善整车需求定义、产品组合、配置。

3）完成车型底盘架构、总布置和动力总成方案。

4）成立动力总成匹配 SE 同步工程小组，确定同步开发供应商。

5）造型认可，确定单一主题造型细化方案（效果图冻结），TG0 部分数据发布。

6）启动模拟样车试制。

7）启动长周期模具件和中周期采购件的供应商定点。

8）完成支持动力总成标定的模拟样车试制。

9）制造地点、制造方案、质量目标初步确定。

10）项目经济性目标（含投资/开发/物料成本目标）。

11）项目主进度评估。

(4) G6 阀点

G6 阀点即项目批准（简称 PA），需要完成以下几项工作：

1）批准项目综合可行性分析。

2）造型批准（实体造型模型冻结）。

3）产品配置冻结，完成初步整车总布置和性能开发。

4）TG1 部分数据发布。

5）成立 SE 同步工程小组，进行初步的系统和零部件设计，确定联合设计供应商。

6）批准项目经济性方案（含零部件物料成本、投资和开发费用）。

7）批准批量制造模具和生产设备的投资。

8）模拟样车试驾和评审。

9）启动工程样车（EP）试制。

10）项目主计划评估。

(5) G5 阀点

G5 阀点即设计发布（简称 ER），需要完成以下几项工作：

1）批准整车总布置设计、整车性能和功能目标。

2）系统和零部件设计更新，下发 TG2 数据。

3）SE 同步工程，分析设计和工艺、设计和制造的一致性，完成零部件、模具、工装的开发方案。

4）制造可行性报告评审。

5）长周期模具铸造启动。

6）评估项目经济性。

7）第一辆 EP 车评审。

8）项目主进度审核。

(6) G4 阀点

G4 阀点即工艺验证和工程验证（简称 PPV），需要完成以下几项工作：

1）EP 车质量、整车性能（VTS）评估。

2）EP 车管理层试车。

3）制造工艺验证（MCB）完成。

4）供应商批量零部件（PPAP）制造启动。

5）成立验证阶段质量改进小组。

6）项目经济性。

7）生产样车（PPV）制造启动状态评估。

8）项目主进度审核。

(7) G3 阀点

G3 阀点即预试生产（简称 PP），需要完成以下几项工作：

1）生产样车整车质量、性能评估。

2）生产样车管理层试车。

3）工艺验证和工程签发 100% 签署。

4）生产线设备预验收。

5）批量状态零部件。

6）预试生产 Pre-Pilot 计划批准。

7）项目经济性。

8）项目主计划审核。

(8) G2 阀点

G2 阀点即试生产（简称 P），需要完成以下几项工作：

1）预试生产 Pre-Pilot 造车质量、性能评审。

2）预试生产 Pre-Pilot 管理层试车。

3）生产设备最终验收。

4）市场投放计划批准。

5）零部件 PPAP 100% 批准。

6）试生产（Pilot）制造计划批准。

7）项目经济性状态评估。

8）项目主计划审核。

(9) G1 阀点

G1 阀点即正式投产（简称 SOP），需要完成以下几项工作：

1）试生产（Pilot）车辆质量、性能评审。

2）试生产（Pilot）管理层试车。
3）新车型发布批准。
4）项目经济性评审。

1.3.2　新能源汽车设计开发交付物

以上将9个设计开发阀点的工作内容进行了介绍，每个阀点的工作均有对应的工作交付物，交付物完成并经过项目组评审通过，才表明该阀点的工作完成，这个阀点才算通过，项目才能进入下一个阶段的阀点。各个阀点需要完成的交付物也叫一级交付物，有别于各个专业部门的二级交付物。二级交付物属于各专业部门内部的交付物，是为完成一级交付物服务的。各个阀点的交付物及责任部门见表1-2～表1-10。

表1-2　PreG8 阀点交付物

责任部门	PreG8 一级交付物	签发人	交付标准
营销中心	《产业和市场研究报告》	营销中心总经理	宏观形势发展监控，包括市场环境分析、目标用户群研究、竞争对手分析、法规变化、技术进步、市场定位研究、产品基本需求、宏观目标
	《立项建议书》	营销中心总经理	产品基本需求定义，包括车型定位、配置规划、产品组合、造型诉求、目标市场和人群定位、售价区间、投放时间
研发中心	《产品分析和项目策划报告》	研发中心总经理	根据市场部立项建议书、董事会或经管会领导指示，分析产品规划和产品竞争力，提出技术路线，分析目标市场政策、法规适应性和新技术应用性，评估技术资源，提出初始项目开发进度和立项研究预算
	《PreG8 技术供应商合作意向书》	总经理	初步确定立项研究协作供应商
	《PreG8 开阀评审报告》	总经理	向经管会汇报的 PreG8 开阀报告
财务部	初始《项目经济影响评估报告》	财务部总监	释放立项研究预算，初始的车型物料成本目标和项目投资估计

表1-3　G8 阀点交付物

责任部门	G8 一级交付物	签发人	交付标准
研发中心	《项目综合可行性研究报告》	总经理	包括市场分析、产品规划分析、产品工程分析、制造分析、投资分析等
	初始《项目IT系统分析报告》	研发中心总经理	制订初步的IT系统适应调整方案

（续）

责任部门	G8 一级交付物	签发人	交付标准
营销中心	《产业和市场分析报告》	营销公司总经理	包括产业监控、目标市场、计划销量、初始价格、品牌定义、主要特征、产品定位、目标客户、细分市场评估、对标分析、对标车选择、上市计划与产品目标（包括发动机系列、车身形式、安全和关键配置等）、营销亮点提炼、前款车型的弱点
	《造型分析和诉求报告》	营销公司总经理	根据对标分析、造型趋势研究而提出
	《造型评审及造型预认可报告》	总经理	在技术中心提交的 8 个造型草图开发基础上，进行 4—2—1 的造型效果图开发、评审和提炼，确定 1 个主题造型方向效果图，各效果图需阐述造型风格、效果展示说明，评审造型方案的工程（硬点）、性能、制造工艺、成本等
	初始《产品配置表》	营销公司总经理	技术中心、财务部、采购部会签
	《售后市场目标》	营销公司总经理	包括担保范围、保养周期、售后诊断仪等
研发中心	《G8 项目启动交付物核查清单》	研发中心总经理	根据项目类别和开发实际，确定 G8 项目启动各职能单位的交付物、交付流程、交付标准和交付时间
	《产品技术方案、性能及技术路线分析报告》	研发中心总经理	包括竞争车型和开发车型技术分析对比、产品技术前瞻性分析、总布置、动力总成、初始平台架构（包括电气架构方案）、配置清单可行性验证、人机工程分析、主要性能分析、主要设计元素分析、法律法规符合性分析、新技术应用性分析、各对比参数的可行性、风险分析
	《技术供应商开发意向书/合同》	总经理	确定造型和/或设计开发策略及工程可行性分析合作伙伴
	《造型方案及工程分析报告》	研发中心总经理	配合营销公司开发造型方案，并对造型方案进行工程、硬点、性能分析
	《整车产品设计任务书》	研发中心总经理	包括整车架构、配置、参数和性能、动力总成、底盘、车身、电子电器、空调等各部分设计要求
	《对标样车参考样车采购合同》	总经理	购买项目开发所需对标样车和参考样车
	初始《EBOM》，初始《SOR》	研发中心总经理	包括工程物料清单（EBOM）、架构零部件、Mule Car[①]试制件的 TG0 初始 SOR[②]发布
	《产品设计开发人力需求和资金预算计划》	研发中心总经理	制订 G8～G6 的技术中心人员计划和预算的详细预估，估算项目所有的人力需求和工程预算
	《Mule Car 试制计划》	研发中心总经理	确定 Mule Car 试制计划，启动 Mule Car 试制
	初始《整车开发项目主进度》	研发中心总经理	制订 G8～G1 整车开发项目主进度
	《G8 开阀评审报告》	总经理	向经管会汇报的 G8 开阀报告和交付物核查结果

(续)

责任部门	G8 一级交付物	签发人	交付标准
财务部	初始《项目财务分析及经济目标报告》	财务部总监	内容包括：详细的开发费用预算，详细的基于 5 年的业务计划的业务规划目标，车型的物料成本初始目标，初始的项目投资估计，初始的项目 BC 计算，发布项目经济性目标
人事行政部	初始《项目人力资源分析报告》	人事行政部总监	根据技术中心人力资源需求计划，分析人力资源的符合性
分公司	初始《项目制造策略》	分公司总经理	生产地点、JPH③、加工深度、新工艺、运输方式、仓储规划
采购部	初始《项目采购策略》	采购部总监	内容包括：制订采购策略，初始采购零部件物料成本目标
采购部	《供应商启动/授权定点报告》	采购部总监	内容包括：启动造型相关制造供应商定点，启动构架类开发供应商定点，提出同步/联合开发供应商的清单
质量管理部	初始《项目质量策略和质量目标》	质量管理部总监	IPTV，JD Power 审核，过程审核等

① Mule Car 是指汽车研发阶段的测试车，也叫"骡子车"。
② SOR 指 Specification of Requirements，顾客方针对供应商发出的产品规格要求。
③ JPH 指 Jobs Per Hour，小时工作量或单位时间工作量。

表 1-4 G7 阀点交付物

责任部门	G7 一级交付物	签发人	交付标准
信息规划部	《项目可行性研究报告》第二版	总经理	对第一版进行更新
信息规划部	《项目 IT 系统方案和计划》	研发中心总经理	更新 IT 系统适应调整方案，制订计划
营销中心	《产业和市场分析报告》第二版	总经理	更新 G8《产业及市场分析报告》，完成品牌、产品组合、生命周期、销量、价格、配置、上市计划、营销成本的确定
营销中心	《新产品配置表》完整版	营销公司总经理	平台总监、采购部总监会签
营销中心	《单一造型主题市场测评报告》	营销公司总经理	单一造型主题的多种方案对目标用户进行测试调查和分析，得出结论
营销中心	《单一造型主题评审和认可报告》	总经理	冻结内外饰效果图，接下来进行实体模型制作
营销中心	《售后服务策略》	营销公司总经理	内容包括：用户使用成本、产品可维修性、服务备件策略（包括备件盈利规划）

（续）

责任部门	G7 一级交付物	签发人	交付标准
研发中心	《G7 方案批准交付物核查清单》	研发中心总经理	根据项目类别和开发实际，确定 G7 方案批准各职能单位的交付物、交付流程、交付标准和交付时间
	《组织机构图、人员配备计划和预算报告》	研发中心总经理	G8～G6 的项目管理组织机构、人员配备和预算确定
	《单一造型主题开发及工程分析报告》	总经理	完成单一主题造型的方案开发及工程分析
	《产品技术方案评审和确认报告》	研发中心总经理	完成整车架构、动力总成、子系统和关键部件的技术方案和性能计算的评审和确认，完成初步总布置，法规符合性确认，专利风险确认，标准化确认
	《同步工程小组审批报告》	总经理	分析资源稀少、技术关键或开发长周期件，成立同步工程小组，制订计划，确定人员
	《技术文件发布记录》	研发中心总经理	初版《整车设计任务书》，《整车技术规范》更新版，初步《子系统技术规范 SSTS》，电器系统设计方案 TG0 发布、模拟样车 TG1 数据和模拟样车"开发 SOR"
	《关键件和造型相关长周期零部件清单》及《联合设计初始 SOR》	研发中心总经理	交付采购部，进行采购、制造前期分析
	《造型表面初始数据 Pre-TG0》	研发中心总经理	发布基于内外造型二维效果图的基本轮廓边界及尺寸，进行采购、制造前期分析
	《Mule Car 评审报告》	研发中心总经理	完成 Mule Car 试制、3000kW 磨合和评审
	《模拟样车试制计划》	研发中心总经理	制订模拟样车试制、试验计划
	《产品设计开发进度》	研发中心总经理	发布 G8～G3 的产品开发设计、验证和工程认可的实施计划
	《工程开发和项目管理风险表》	研发中心总经理	影响工程目标的冲突和风险被识别
	《整车开发项目主进度》	总经理	发布 G8～G1 整车开发项目主进度，各职能部门部长会签
	《G7 开阀评审报告》	总经理	向经管会汇报的 G7 开阀评审报告

(续)

责任部门	G7 一级交付物	签发人	交付标准
财务部	《项目财务预算及收益报告》	总经理	内容包括：成本数据、收益率评估、实际收益与目标对比评估
	《零部件目标成本》	财务部总监	完成零部件产品物料的目标成本清单，与整车目标物料价格进行对比
	《产品设计/更改预算确认报告》	财务部总监	落实预算，执行控制
人事行政部	《项目人力资源方案》	人事行政部总监	根据项目组织机构和人员计划更新人力资源状态
分公司	《造型相关的制造分析报告》	分公司总经理	与主题模型造型相关的制造问题100%有解决方案
	《制造地和制造方案报告》	分公司总经理	包含工艺、加工深度
	《项目物流方案》	分公司总经理	长周期零件的包装和物流方案
采购部	《造型相关长周期零件定点清单》	采购部总监	完成与造型相关零部件的供应商定点
	《架构及其他关键零部件定点清单》	采购部总监	完成开发供应商定点
质量管理部	《项目质量目标确认书》	质量管理部总监	确认产品和制造过程质量目标（功能性和外观质量、IPTV等），造型相关质量问题100%有解决方案。主题模型造型相关质量问题100%有解决方案

表 1-5　G6 阀点交付物

责任部门	G6 一级交付物	签发人	交付标准
信息规划部	《项目可行性研究报告批准书》	总经理	冻结可行性研究报告并报董事会批准
	《项目IT系统方案确认报告》	信息规划部总监	更新IT系统适应调整方案，执行控制
营销公司	《产品市场调研报告》	营销公司总经理	更新市场销量和售价
	《新产品配置表》冻结版	营销公司总经理	冻结配置表，定义选装件，车辆平台负责人（VLE）、财务、采购会签
	《造型批准报告》	营销公司总经理	内外造型实体模型冻结

（续）

责任部门	G6 一级交付物	签发人	交付标准
研发中心	《G6 项目批准交付物核查清单》	研发中心总经理	根据项目类别和开发实际，确定 G6 项目批准各职能单位的交付物、交付流程、交付标准和交付时间
	造型开发和 A 面数据首次发布	研发中心总经理	进行采购、制造的模具设计
	底盘零部件 TG2 发布	研发中心总经理	进行采购定点和开发
	长周期造型相关钣金和内外饰 TG1 发布	研发中心总经理	进行采购、制造前期分析
	《工程专用件清单》发布，100% 工程 EBOM 发布，《生产准备路线》发布	研发中心总经理	进行生产准备
	中周期初始 SOR 发布	研发中心总经理	交付采购部，进行采购、制造前期分析
	电器系统设计方案 TG1 发布	研发中心总经理	
研发中心	《模拟样车造车和关键试验报告》	研发中心总经理	
	《整车开发交付物核查清单-G6》	研发中心总经理	制订 G6 节点的各相关职能部门的交付物及其交付流程和交付时间，各职能部门部长会签
	《产品开发及项目管理风险表》	研发中心总经理	更新影响工程目标的冲突和风险
	《G6 开阀评审报告》	总经理	向董事会汇报的 G6 开阀评审报告
财务部	《项目经济性冻结报告》	总经理	冻结物料成本、投资和开发费用，确认项目经济性
	《项目总投资预算批准报告》	财务部总监	落实项目总体预算，执行控制
人事行政部	《项目人力资源确认报告》	人事行政部总监	根据项目组织机构和人员计划确认人力资源配备
分公司	《制造工艺策略报告》	分公司总经理	确定制造工艺策略
	《工装采购和实施方案》	分公司总经理	
	《中周期零件的包装和物流方案》	分公司总经理	长周期零件的包装和物流方案

（续）

责任部门	G6 一级交付物	签发人	交付标准
采购部	《中周期零件定点清单》	采购部总监	完成中周期零部件的供应商定点
	《长周期模具、设备供应商定点清单》	采购部总监	完成供应商定点
质量管理部	《项目质量目标和质量控制确认报告》	质量管理部总监	确认产品和制造过程质量目标（功能性和外观质量、IPTV 等），造型相关质量问题 100% 有解决方案，制订 Cubing 和检具计划

表 1-6 G5 阀点交付物

责任部门	G5 一级交付物	签发人	交付标准
营销公司	《产品上市计划》	营销公司总经理	
	《目标市场、价格和销量确认书》	营销公司总经理	
	《新车命名方向建议》	营销公司总经理	
研发中心	《G5 设计发布交付物核查清单》	研发中心总经理	根据项目类别和开发实际，确定 G5 设计发布各职能单位交付物、交付流程、交付标准和交付时间
	A 面数据冻结	研发中心总经理	发布
	《产品图样 2D/3D 数据归档记录》	研发中心总经理	100% 完成并归档，发布 TG2 数据
	《第一辆工程样车 EP1 评估报告》	研发中心总经理	
	《整车技术规范》和《系统/总成/零部件技术规范》	研发中心总经理	冻结并发布
	模拟样车试验 TIR 和试制 BIR 问题	研发中心总经理	暴露问题，提出解决方案
	《工程 EBOM》	研发中心总经理	100% 完成并发布
	《标准车头（线束和管路装配排布）计划》	研发中心总经理	制订计划和方案
	《产品开发及项目管理风险表》	研发中心总经理	更新影响工程目标的冲突和风险

(续)

责任部门	G5 一级交付物	签发人	交付标准
研发中心	《G5 开阀评审报告》及项目主进度评审	总经理	向经管会汇报的 G5 开阀评审报告
财务部	《项目经济性和预算更新报告》	财务部总监	项目经济性和物料成本、投资及开发费用更新
采购部	《零部件定点清单》	采购部总监	100% 完成定点
分公司	《生产 PBOM》发布①	分公司总经理	完成供应商定点
分公司	《工艺 PFMEA》②	分公司总经理	工程数据相关的制造问题有解决方案
分公司	《制造可行性报告及评审》	分公司总经理	
分公司	《工艺和工装进度计划》	分公司总经理	确认制造工艺和工装设备的设计方案和时间进度满足项目进度目标
分公司	《物流规划》	分公司总经理	制订所有零件包装和物流方案
分公司	《模具铸造批准书》	总经理	
质量管理部	《样车及零部件质量目标和评审报告》	质量管理部总监	工程数据质量问题 100% 有解决方案，制订零部件质量计划，EP 车质量目标和第一辆 EP 车评审

① PBOM 指 Process Bill of Material，工艺制造设计清单。
② PFMEA 指 Potential Failure Mode and Eppects Aralysis，潜在失效模式及影响分析。

表 1-7 G4 阀点交付物

责任部门	G4 一级交付物	签发人	交付标准
营销公司	《市场投放计划》	营销公司总经理	包含时间和车辆需求
营销公司	《售后准备状态报告》	营销公司总经理	包括培训、备件清单、配件图册
营销公司	《新车命名决策草案》	营销公司总经理	

(续)

责任部门	G4 一级交付物	签发人	交付标准
研发中心	《G4 工艺和产品验证交付物核查清单》	研发中心总经理	根据项目类别和开发实际,确定 G4 各职能单位的交付物、交付流程、交付标准和交付时间
	《整车试验状态报告》	研发中心总经理	整车试验完成 80%
	《EMS 初版数据发布》	研发中心总经理	用于 PPV①的动力总成标定完成
	《EP 车 TIR/BIR 试验/试制问题关闭情况》	研发中心总经理	A 级问题关闭率 80%,状态达到 3 的问题比例 80%
	《整车性能问题状态报告》	研发中心总经理	VTS 问题关闭率 80%
	《EBOM》发布	研发中心总经理	更新,用于 PPV 造车
	《标准车头状态》	研发中心总经理	完成线束/管路装配排布
	公告试验 EP 样车制造完成	研发中心总经理	
	零部件认可计划表签署,工程签发(ESO)启动	研发中心总经理	
	《EP 车车身功能尺寸评估报告》	研发中心总经理	尺寸合格率>65%,焊接强度>90%
	支持售后服务的技术文件编制	研发中心总经理	配合市场部进行售后配件清单、配件图册的编制
	《工程及项目风险表》	研发中心总经理	更新影响工程目标的冲突和风险
	《G4 开阀评审报告》	总经理	向经管会汇报的 G4 开阀评审报告
财务部	《项目经济性和预算执行状态报告》	财务部总监	项目经济性和物料成本、投资及开发费用更新
分公司	《PPV 造车计划》	分公司总经理	品种、数量和进度计划
	《生准路线》更新发布	分公司总经理	更新,用于 PPV 造车

(续)

责任部门	G4 一级交付物	签发人	交付标准
分公司	《生产线评估报告》	分公司总经理	PPV 造车生产线准备就绪（四大工艺）
	《装配工艺手册》初稿，更新 PBOM	分公司总经理	发布
	《制造工艺验证造车 MCB》评估	分公司总经理	制造问题 100% 有解决方案
	《PPV 造车物流计划》	分公司总经理	包含 PPV 造车零部件需求计划和上线准备
	《外购件保证审核报告》	分公司总经理	完成审核
采购部	《PPV 零件采购和交样状态》	采购部总监	PPV 零部件 100% 采购交样到位，PPAP 制造启动
质量管理部	《EP 造车及管理层试驾质量评审报告》	质量管理部总监	综合匹配 MB1 合格率达到 100%，MB2 合格率到达 80%，EP 车身 Audit、FM、PIST 指标达到质量管理部前期发布的质量标准要求，组织 EP 车管理层试驾
	《PPV 造车批准书》	质量管理部总监	

① PPV 指 Product/Process Validation，产品/过程验证。

表 1-8　G3 阀点交付物

责任部门	G3 一级交付物	签发人	交付标准
营销公司	《市场投放计划》	营销公司总经理	完善详细的市场投放计划，更新销量和价格
	《新车命名报告》	营销公司总经理	确定新车名
研发中心	《G3 预试生产交付物核查清单》	研发中心总经理	根据项目类别和开发实际，确定 G3 预试生产各职能单位的交付物、交付流程、交付标准和交付时间
	《整车试验工作汇报》	研发中心总经理	整车试验 100% 完成，除文档工作以外
	《EMS 数据冻结 CD》	研发中心总经理	动力总成 100% 完成标定
	《试验问题 TIR 关闭情况》	研发中心总经理	A 级问题关闭率 100%，状态达到 3 的问题比例 90%

(续)

责任部门	G3 一级交付物	签发人	交付标准
研发中心	《整车性能问题关闭情况》	研发中心总经理	整车性能问题关闭率 90%
	《PP 阶段 EBOM 和生准路线》	研发中心总经理	更新清单和路线，支持工厂的 PBOM 导入系统
	《零部件工程签发 ESO 汇总清单》	研发中心总经理	零部件 100% 完成工程签发
	《产品开发及项目管理风险表》	研发中心总经理	更新影响工程目标的冲突和风险
	《G3 开阀评审报告》	总经理	向经管会汇报的 G3 开阀评审报告
财务部	《项目经济性和预算报告》	财务部总监	更新项目经济性、物料成本、投资及开发费用
分公司	《生产设施评估报告》	分公司总经理	生产设施就绪，生产线设备预验收（四大工艺）
	《PPV 车身制造合格率报告》	分公司总经理	PPV 车身功能尺寸合格率 70%，焊接强度合格率 98%
	《PP 预试生产造车计划》	分公司总经理	
	《PP 阶段生准路线》	分公司总经理	更新清单和路线，支持工厂的 PBOM 导入系统
	《PP 阶段生产 PBOM》	分公司总经理	更新并导入系统，用于 PP 预试生产
	《装配工艺手册》	分公司总经理	冻结并发布
	《制造工艺评审报告》	分公司总经理	工艺完整性得到验证
	《G3 物流状态评审报告》	分公司总经理	场地规划完成，PP 零件需求计划发放，PP 零部件上线准备就绪
采购部	PPAP 零部件采购到位，100% 交样合格	采购部总监	满足 PPAP 物流要求和入库许可，满足 PP 装车
质量管理部	《PPV 造车质量评审报告》	质量管理部总监	PPV Audit 指标达到质量管理部前期发布的质量标准要求，MB2 合格率达到 100%
	《PPV 造车 BIR 问题关闭情况》	质量管理部总监	BIR A 级问题关闭率 100%，状态达到 3 的问题比例 90%

（续）

责任部门	G3 一级交付物	签发人	交付标准
质量管理部	《PPV 管理层试车计划和问题清单》	质量管理部总监	组织管理层试车，汇总问题清单
	《PP 预试生产造车批准书》	质量管理部总监	

表 1-9　G2 阀点交付物

责任部门	G2 一级交付物	签发人	交付标准
营销公司	《市场投放计划》	营销公司总经理	锁定详细的市场投放计划
	《售后服务评审报告》	营销公司总经理	完成随车说明书、售后服务手册、配件清单、配件图册、索赔工时的初稿，启动诊断仪开发
研发中心	《G2 试生产交付物核查清单》	研发中心总经理	根据项目类别和开发实际，确定 G2 试生产各职能单位的交付物、交付流程、交付标准和交付时间
	《工程签发 ESO 文档归档记录》	研发中心总经理	完成全部零部件工程签发 ESO 文档归档
	《设计变更项目和实施状态》	研发中心总经理	EWO/TCR[①] 问题 100% 计划受控
	《试验问题 TIR 关闭情况》	研发中心总经理	A 级问题关闭率 100%，状态达到 3 的问题比例 90%
	《整车性能问题关闭情况》	研发中心总经理	整车性能问题 100% 有解决方案
	《生产及售后服务文件支持情况》	研发中心总经理	支持营销公司完成售后服务文件/诊断仪，支持工厂完成车辆下线检测设备
	《产品开发及项目管理风险表》	研发中心总经理	更新影响工程目标的冲突和风险
	《G2 开阀评审报告》	总经理	向经管会汇报的 G2 开阀评审报告
财务部	《项目经济性和预算执行报告》	财务部总监	更新项目经济性、物料成本、投资及开发费用
分公司	《PP 车身制造合格率报告》	分公司总经理	PP 车身功能尺寸合格率 80%，焊接强度合格率 98%
	《P 试生产造车计划》	分公司总经理	批准
	《生产设施评估报告》	分公司总经理	生产线设备完成终验收（四大工艺），车辆检测设备已经更新并到位，可支持 P 试生产

(续)

责任部门	G2 一级交付物	签发人	交付标准
分公司	《制造工艺评审报告》	分公司总经理	工艺完成终验收（四大工艺）
	《P 阶段生产 PBOM》	分公司总经理	更新并导入系统，用于 P 试生产
	《P 阶段 EBOM 和生准路线》	分公司总经理	更新清单和路线，导入系统
	《工艺操作指导书》	分公司总经理	完成编制
	《工人培训报告》	分公司总经理	工人 100% 完成培训
	《G2 物流状态评审报告》	分公司总经理	批产物流布局确定，P 零件需求计划发放，P 零部件上线准备就绪
质量管理部	《PP 造车质量评审报告》	质量管理部总监	PP 样车 Audit 审核符合要求，综合匹配 MB3 合格率达到 100%，过程审核达到 82
	《PP 造车 BIR 问题关闭情况》	质量管理部总监	BIR A 级问题关闭率 100%，状态达到 3 的问题比例 90%
	《PP 质保试车和管理层试车计划和问题清单》	质量管理部总监	组织质保试车和管理层试车，汇总问题清单
	《P 试生产造车批准书》	质量管理部总监	

① EWO 指 Engineering Work Order，工程工作指令；TCR 指 Task Change Request，临时更改请求。

表 1-10　G1 阀点交付物

责任部门	G1 一级交付物	签发人	交付标准
营销公司	《新车发布书》	总经理	发布新车型，发布批准的价格
	《售后服务评审报告》	营销公司总经理	发布随车说明书、售后服务手册、配件清单、配件图册、索赔工时，完成诊断仪开发，完成售后配件准备
研发中心	《G1 试生产交付物核查清单》	研发中心总经理	根据项目类别和开发实际，确定 G1 正式投产各职能单位的交付物、交付流程、交付标准和交付时间
	《产品公告》	研发中心总经理	公告试验认证通过

(续)

责任部门	G1 一级交付物	签发人	交付标准
研发中心	《单一问题清单和措施报告》	研发中心总经理	没有解决方案的单一问题清单和措施
	《试验问题 TIR 关闭情况》	研发中心总经理	A 级问题关闭率 100%，状态达到 3 的问题比例 100%
	《设计变更清单和实施报告》	研发中心总经理	计划受控
	《SOP EBOM》	研发中心总经理	冻结并导入系统
	《产品开发及项目管理风险表》	研发中心总经理	重大风险全部关闭
	《G1 开阀评审报告》	总经理	向经管会汇报的 G1 开阀评审报告
财务部	《项目经济性总结报告》	财务部总监	技术实际的物料成本、投资和开发费用
分公司	《P 车车身制造合格率报告》	分公司总经理	P 车身功能尺寸合格率 90%，焊接强度合格率 98%
	《生产节拍考核报告》	分公司总经理	符合目标
	《SOP 生产爬坡计划》	分公司总经理	
	《生产 PBOM》	分公司总经理	冻结 PBOM，导入系统
	《生产工艺文件归档记录》	分公司总经理	归档并发布
	《G1 物流状态评审报告》	分公司总经理	SOP 零件准备就绪，内部供应链全部经过检测验证
采购部	《供应商供货能力评审报告》	采购部总监	满足物流要求和入库许可，满足 SOP 装车
	《售后配件采购合同》	采购部总监	签署 80%
质量管理部	《P 造车质量评审报告》	质量管理部总监	P 样车 Audit 审核达到最终质量目标，过程审核达到 90
	《P 造车 BIR 问题关闭情况》	质量管理部总监	BIR A 级问题关闭率 100%，状态达到 3 的问题比例 100%

（续）

责任部门	G1 一级交付物	签发人	交付标准
质量管理部	《P 质保试车和管理层试车计划和问题清单》	质量管理部总监	组织质保试车和管理层试车，汇总问题清单
	《SOP 正式投产造车批准书》	总经理	

新能源汽车
设计基础

第 2 章　市场调查

2.1　市场调查概述

2.1.1　市场调查活动

如前所述,新能源汽车市场是一个充满潜力的市场,全球都在发展新能源汽车产业。我国将新能源汽车产业作为重点发展的高新技术领域,鼓励全社会发展新能源汽车产业。

新能源汽车企业作为其中重要的一个环节,是新能源汽车产品及技术研发、生产、销售及应用的主体。为了开发出具有较好市场接受度的新能源汽车产品,新能源汽车企业在进行产品研发前,需要进行市场调查活动。

市场调查活动即用一定的调查方法,搜集用户对某一产品或服务的想法、诉求、观点等第一手要素资料,并用科学方法进行整理、分析,得出调查结果,从而为企业决策提供重要的科学依据。

企业进行市场调查活动,可以自行开展,或者委托专业的调查公司进行。各大新能源汽车企业一般都有市场部门,具备条件的企业可以自行开展市场调查活动。这种方式对企业的人才储备及经验积累要求较高,优点是能够不断提高自身能力、效率较高、反馈迅速。企业与专业的调查公司合作进行市场调查,也是一种常用的方式。调查公司长期从事各类调查活动,经验丰富,能提供比较专业的服务,但也可能存在专业性不对等、调查意图传递误差、调查结果可信度等问题。知名的汽车行业调查公司如美国 J. D. POWER 公司,在行业内具有较高的认可度。

市场调查活动的具体方法有很多，比如观察法、试验法、问卷法等，具体用什么方法，可根据实际需要采用即可。我们平时听得比较多的可能是问卷调查法，这是一种很常见的市场调查方法。

2.1.2 市场调查结果分析

市场调查活动结束以后，会获得相关调查对象的数据、想法、诉求等资料，将这些资料进行分析处理，有助于更好地利用调查结果。一般采用数据统计分析方法来分析调查资料，具体有多种数据分析办法，但最终分析结果一般由数据和图表来呈现，这样可以更直观地看到调查结果，如图2-1所示。

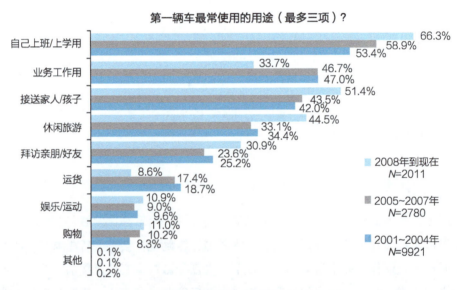

图2-1 市场调查数据分析（见彩插）

2.2 确定产品特点

2.2.1 确定产品定位

在开发一款新产品前，首先要明确这个产品的市场定位。比如价格区间、产品风格、主要客户人群等。对于目前国内的汽车价格区间来说，10万元以内的产品属于低端市场，可满足一般的代步出行需要；10万~20万元的产品，属于中端市场，用户对于产品的品质要求会更高一些；20万元以上的产品，属于高端市场，用户追求差异化和更高的产品品质。

对于乘用车来说，国内分为微型车、紧凑型车、中级车、中高级车及高级车等。这些分类，有的参考整车尺寸，有的参考轴距，有的参考价格因素，笔者认为可以把几个指标相结合，描述起来会更准确。目前国内厂家的汽车产品主要集中在中低端市场，高端产品较少，还需要一段时间的市场培育。高端汽车品牌和产品，主要由德系、英系、美系和日系占领。产品定位分析气泡图如图2-2所示。

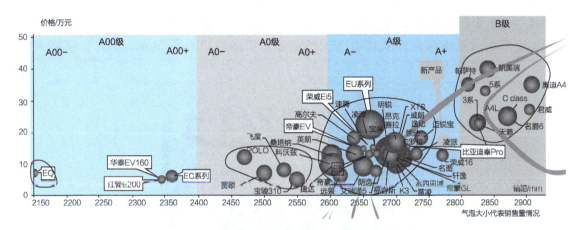

图2-2 产品定位分析气泡图

不同的产品定位，产品价格、性能指标、产品尺寸等产品特点有所不同，针对的用户人群也不同，产品的销量及盈利就会有很大不同，因此，产品定位对于一款新产品来说十分重要。产品定位分析柱状图如图2-3所示。

图2-3 产品定位分析柱状图（见彩插）

2.2.2 确定车型

对于乘用车来说,车型分类主要有3种,即轿车(Sedan)、运动型多功能车(SUV)、多功能车(MPV)。像平时所说的三厢轿车、两厢轿车(溜背车型,简称HB)、轿跑、双门跑车(Coupe)、Cross、旅行车等,都属于轿车的范畴。而SUV可以分为越野车(一般为四驱)和城市SUV(一般为两驱),最大特点就是底盘离地间隙较大,通过性较好。MPV车型空间较大,主要有商务MPV和家庭MPV两类,因为以前MPV的形状四四方方,又俗称面包车。上汽通用五菱汽车有限公司(生产企业)出品的"五菱宏光"就是一款经典的MPV,如图2-4所示。

图2-4 五菱宏光 MPV

对于开发什么车型,或者先开发哪个车型,需要企业根据自身发展目标及市场调查结果,综合考虑确定,一般由市场部门提出建议,企业领导来决策,或者由企业领导直接提出产品建议。很多时候,产品研发部门也会参与到开发车型的决策过程中,有时发挥了重要的辅助决策作用。

目前主要的汽车企业,集研发、生产、销售为一体,被称为"主机厂"。产品的研发也不光是一款车,经常是以一个汽车平台为基础,同时研发同平台的几款车。比如吉利集团旗下的领克品牌汽车,领克01为SUV,领克03为轿车,如图2-5所示,都是基于吉利的CMA平台研发而来的产品。后面章节会详细说明如何进行平台化车型的开发。

图2-5 领克01(左)和领克03(右)

2.2.3　产品定义

如上所述，在确定了产品的市场定位及车型之后，就可以完成产品定义了。产品定义简单来说，就是说明要开发一个什么样的产品，是一个重要的产品研发输入条件。产品定义需要将产品的具体信息反映出来，包括产品类型、风格、价格、目标人群、整车尺寸参数、产品生命周期、预计销量等，也可以将竞品车型确定下来，后面章节会对竞品车型进行说明。

2.3　确定产品功能及配置

2.3.1　确定产品功能

对于新能源汽车产品来说，首先该产品是一款车，要满足汽车行驶的基本功能，即最高车速、百公里加速时间、行驶里程、耗电量以及充电时间等；其次，除了基本的行驶功能，还需要有其他方面的辅助功能，比如美观性、安全性、舒适性、使用方便性等。

目前行业内，新能源汽车的最高车速一般在 150km/h 以上，有的车型能达到 180~200km/h；百公里加速时间一般在 10s 左右，有的能达到 5s 以内；行驶里程目前在 300~500km（2019 年）；耗电量一般大于 13kW·h/100km（2019 年）；动力电池充电时间（2019 年），220V 交流电慢充一般在 4~8h，直流电快充到 80% 电池电量一般在 0.5~2h。行业内，将最高车速、百公里加速时间、最大爬坡度等指标称为动力性能，将百公里耗电量称为经济性能，两者统称为经济性动力性。

在辅助功能方面，美观性是指产品的造型效果，是指产品给用户带来的美感，一种用户主观的体验，尽管每个人的审美要求不尽相同，但是好的产品设计，能让大多数用户感受到产品所带来的造型美感。这点十分重要，很多用户购买某款汽车产品，就是因为喜欢产品的造型。有一些行业内关于造型效果的专门描述，如鹰眼前照灯、大嘴巴进气格栅、悬浮式车顶、鲨鱼鳍等都是比较经典的造型设计。

安全性也是用户关注度较高的方面。如何防止事故发生及减少事故发生后受伤害的程度，体现了汽车的安全功能。比如中国新车评价规程（C-NCAP）五星碰撞等级、安全气囊、车轮防抱死系统（ABS）、车身稳定控制系统（ESP 或 ESC）、可视倒车雷达、胎压监测系统（TPMS）等配置，为汽车安全提供了有力的保证。

舒适性是指产品为用户带来的驾乘体验。比如自动空调能为用户创造一个温度适宜的驾乘环境；大屏幕、多扬声器的影音娱乐系统，可以为用户带来很好的视听感受；全景天窗可以让车内光线更为明亮、减轻压抑感等。

使用方便性是指汽车产品使用起来是否便利。比如无钥匙进入功能，允许用户可以不用手拿钥匙开启车门；自动前照灯可以在外界光线变暗时，自动打开前照灯，照亮车前方向，既方便又安全；感应行李舱盖，可以感应到用户的操作，自动打开行李舱盖等。

这些不同的基本功能和辅助功能，对应的就是汽车产品的配置，如图2-6所示。

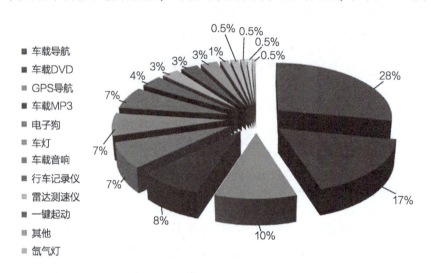

图2-6 配置分析饼图（见彩插）

2.3.2 竞品分析

每款新车的推出都将进入到激烈的市场竞争中，要想在竞争中取胜，必须做到知己知彼。为了更好地确定产品配置及技术参数，需要做同类产品的对标对比分析，即竞品分析（简称Benchmark或BM），这里的同类产品称为竞品。竞品分析的主要目的就是了解对比车型的技术状态，在整车设计时参考、借鉴，从而减少在设计阶段产生的且在生产阶段不可弥补的经济损失。

一般做法是罗列出市场上的同类产品，并将这些同类产品的一些功能指标及技术参数单独进行分析。一般来说，待研发的新产品相对应的功能指标及技术参数，要落在这些同类产品指标的范围内或者落在较好的指标区域。比如行驶里程这个指标，同类车型行驶里程假如分布在300km、350km、400km、420km、450km、480km、500km、520km、550km、600km的范围内，那么可以将新品的行驶里程确定在400~500km之间。常用的展现办法是用折线图、雷达图（图2-7），可以较直观地看出同类产品指标的水平。对于一些功能配置来说，可以选几款相近的竞品车作为参考，然后根据情况选定新品是否需要具备。

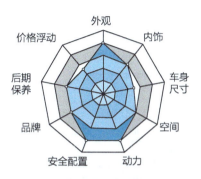

图 2-7 雷达图

竞品车型分析流程图如图 2-8 所示，主要有四个阶段：

1) 整车参数测量：包括整车尺寸、人机测量、悬架静刚度、最小转弯直径、外表面间隙段差测量、轴荷分布、通过性等内容。

2) 样车拆解分析：零部件安装状态、搭接关系、部件布置间隙、部件结构形式、整车配置等内容。

3) 扫描与数据逆向设计：扫描出点云逆向三维数据，借鉴成熟的结构缩短开发周期，减少开发成本。

4) 整车零部件性能试验：主要是零部件生产企业对其负责项目的零部件进行性能分析。

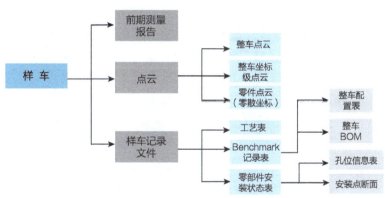

图 2-8 竞品车型分析流程图

2.3.3 确定配置

在根据市场调查结果及产品定义，确定计划开发的车型种类和产品定位以后，就可以参考竞品分析的情况，研究并确定产品配置。企业的市场部门根据之前做的研究分析，确定初版配置表，交由项目领导、项目组、研发部门、采购部门等相关部门进行确认。如果配置表确认可行，进行确认后将会发布正式版配置表，以此为依据开展研发工作；如果配置表研究后有需要修改的地方，则需要对配置表进行更新后再发布。配置表也是一个重要的输入文件，产品研发将围绕配置表进行。广汽传祺 AIONS 车型的配置表如图 2-9 所示。

AION.S 参数配置表

车型参数及配置	魅	魅Evo	魅Max
基本参数			
长X宽X高(mm)	4768 X 1880 X 1530		
轴距(mm)	2750		
满载最小离地间隙(mm)	125		
行李厢容积(L)	453		
整备质量(kg)	1625		
动力性能			
动力电池类型	三元锂离子动力电池		
液冷恒温电池包(kWh)	58.8		
60km/h等速续航里程(km)	630		
NEDC综合工况续航里程(km)	510		
综合工况电耗(kWh/100km)	13.1		
电机类型	永磁同步电机		
电机峰值功率(kW)	135		
电机峰值扭矩(N·m)	300		
风阻系统(Cd)	0.245		
0-50km/h加速时间(s)	3.5		
最高车速(km/h)	156		
底盘系统			
前后悬挂	前麦弗逊式独立悬挂/后扭力梁悬挂		
转向系统	EPS电动助力转向系统		
制动系统	前通风盘式/后盘式		
科技轿跑造型			
"穿云箭"家族形象	●	●	●
"T字型"全LED大灯(带延时关闭/未关警示功能)	●	●	●
横向贯穿式"数字火焰"LED尾灯	●	●	●
LED日间行车灯	—	●	●
LED前雾灯	—	●	●
LED后雾灯	●	●	●
前大灯高度手动调节	●	●	—
前大灯高度自动调节	—	—	●
前大灯自动感应开启	—	—	●
呼吸式EV专属智能充电提示	●	●	●
"暗夜星轨"饰条	●	●	●
低风阻鲨鱼鳍天线	●	●	●
雨量感应智能自动雨刮	—	—	●
电动全景天窗及遮阳帘	—	●	●
前风窗双层隔音玻璃	—	—	●
外后视镜集成LED转向灯	●	●	●
外后视镜电动调节及除霜除雾功能	●	●	●
高品质豪华内饰			
贯穿式悬浮环绕太空舱设计	●	●	●
横向贯穿隐藏空调出风口+哑光电镀饰条	●	●	●
悬浮两幅式多功能方向盘	●	●	●
高档软质搪塑仪表台	●	●	●
软质副仪表台、中央扶手及门内饰板	●	●	●
前排掀盖式杯托座+前排中央扶手带储物盒	●	●	●
后排中央扶手带杯架	—	●	●
迎宾踏板	—	●	●
四门玻璃一触式升降功能(防夹)	—	—	●
LED前后车顶照明灯	—	●	●
车顶眼镜盒	●	●	●
行李厢照明灯	●	●	●
车内灯光延迟熄灭系统	●	●	●
智能氛围灯	—	—	●
前后排各2个USB接口	●	●	●
前排车载电源(12V)	●	●	●

车型参数及配置	魅	魅Evo	魅Max
织物拼皮质座椅	●	—	—
赛车一体式织物拼皮质运动座椅	—	●	—
赛车一体式皮质运动座椅	—	—	●
驾驶席手动座椅6向调节	●	—	—
驾驶席电动座椅6向调节	—	●	●
副驾驶席手动座椅4向调节	●	●	—
后排座椅比例分体折叠放倒	●	●	●
后排中央独立座位头枕	—	●	●
全自动双区恒温空调	●	●	●
空调后排出风口	●	●	●
高效PM2.5滤芯	—	●	●
安全配置系统			
博世ESP车辆电子稳定控制系统	●	●	●
博世ABS制动防抱死系统	●	●	●
博世EBD电子制动力分配系统	●	●	●
博世HBA紧急制动辅助系统	●	●	●
博世HHC上坡辅助控制系统	●	●	●
TPMS直接式智能胎压监测系统	●	●	●
BSD盲区监测系统	—	—	●
RCTA后方交通警示系统	—	—	●
LCA变道辅助系统	—	—	●
碰撞断高压电功能(前碰/侧碰/后碰)	●	●	●
GEP第二代纯电专属平台	●	●	●
高强度安全车身设计	●	●	●
T-BOX智能手机远程监控安防系统	●	●	●
倒车雷达	●	●	●
带动态辅助线广角倒车影像系统	—	●	—
EPB电子驻车制动系统(带Auto Hold自动驻车功能)	●	●	●
定速巡航系统	●	●	●
前排双安全气囊	●	●	●
前排侧安全气囊	—	●	●
窗帘式侧气帘	—	—	●
前排安全带未系灯光提示及未系声响报警	●	●	●
后排未系灯光提示	—	—	●
ISOFIX儿童安全座椅车身固定装置+后排车门儿童安全门锁	●	●	●
防盗警报系统	●	●	●
车外低速提示音	●	●	●
冲击感应式车门自动开锁装置	●	●	●
车速感应式车门自动上锁、熄火自动解锁装置	●	●	●
机舱半覆盖护板	●	●	—
机舱全覆盖护板	—	—	●
智联娱乐科技			
3.5英寸彩色TFT屏数字组合仪表	●	—	—
12.3英寸屏全液晶组合仪表	—	●	●
12.3英寸高清触控屏	●	●	●
悬浮式双联屏AI交互系统(多媒体信息、导航地图等)	●	●	●
4G无线网络服务(带车载WI-FI)	●	●	●
OTA车辆系统远程升级	●	●	●
广汽新能源AI系统2.0(包含在线导航、车载QQ音乐、AI智能语音控制等)	●	●	●
低电量自动提醒及AI智能查找充电桩	●	●	●
车载蓝牙免提系统	●	●	●
收音机(AM/FM)	●	●	●
支持MP3/WMA文件播放	●	●	●
高保真6扬声器音响系统	—	●	—
高保真8扬声器音响系统	—	—	●

车型参数及配置	魅	魅Evo	魅Max
音响音量随车速调节功能	●	●	●
一体式智能钥匙	●	●	●
PEPS无钥匙进入及一键启动系统	●	●	●
Easy Open感应开启系统	●	●	●
ECO模式	●	●	●
能量回收	●	●	●
I-Pedal	●	●	●
蓄电池(12V)低电量提醒	●	●	●
直流快充	●	●	●
交流慢充	●	●	●
轮辋及轮胎			
17英寸七辐金属切削铝合金轮辋+215/55 R17轮胎	●	●	—
18英寸飞机引擎造型运动铝合金轮辋+235/45 R18轮胎	—	○	●
18英寸七辐金属切削铝合金轮辋+235/45 R18轮胎	—	○	○
制动卡钳			
银色卡钳	●	●	●
红色卡钳	—	○	○
内饰颜色			
棕色内饰	○	○	○
浅色内饰	○	○	○
黑色内饰	○	○	○
极致尊享套装			
悬浮两幅式真皮多功能方向盘	—	○	●
麂皮绒高档皮质座椅			
前排座椅通风及加热功能			
副驾驶席电动座椅4向调节			
负离子净化器+AQS智能空气净化系统			
智能科技套装			
移动终端蓝牙虚拟钥匙	—	○	●
超级账号(车身控制及账号自动识别进入)(后续可通过OTA实现功能)			
主驾座椅联动外后视镜记忆功能(后续可通过OTA实现功能)			
外后视镜电动折叠			
手机无线充电功能			
双向充电机(移动电站功能)			
泊车无忧套装			
360°全景泊车影像系统	—	○	●
自动泊车系统			
尊享智驾套装			
L2自动驾驶系统	—	○	●
高速自动辅助驾驶			
拥堵自动辅助驾驶			
前方碰撞预警			
自动紧急刹车			
车道偏离预警			
车道自动保持			
远近光自动控制			
无边框内后视镜自动防眩目(带USB接口)			
太阳能全景天窗			
太阳能电动全景天窗及遮阳帘	—	○	●
非标定制套装			
前风挡玻璃个性签名	—	○	○
座椅头枕个性刺绣	—	○	○
车载微信套装(后续推出,敬请期待)			
车载微信及小程序功能	○	○	○

备注:1."●"表示有此装备;"—"表示无此装备;"○"表示选装装备;

2.本产品样本的全部内容,请以实车为准,广汽新能源汽车有限公司保留对本型录内容所有最终解释权和修改权。

图 2-9 广汽传祺 AIONS 车型配置表

第 3 章　项目可行性分析

3.1　技术可行性分析

产品定义和配置表确定以后,产品的基本轮廓就已经确定了。但是为了以后顺利地进行产品研发,需要对涉及的产品技术进行可行性分析。新能源汽车产品研发涉及的大多数技术为成熟技术,即现有技术;同时也会使用新技术,以提高产品竞争力,或者进行技术创新。对于现有技术和新技术,汽车企业都需要进行产品的技术可行性分析。

3.1.1　现有技术可行性分析

现有技术是指汽车企业以前已经使用过的技术,对于新成立的新能源汽车企业,由于没有技术积累,因此需要分析所有使用到的技术的可行性。现有技术对于汽车企业来说,最大的好处在于技术成熟、风险小、容易控制成本,实现起来不会有很大的难度;现有技术同样也有缺点,那就是太普遍,没有竞争优势。

比如车门的点焊技术,很普遍,技术也很成熟,但是相对于铸造车门在技术上就没有优势。还有动力电池技术,$80W \cdot h/kg$ 的能量密度就比 $100W \cdot h/kg$ 的能量密度要低不少,技术上也落后了。具体是否采用现有技术,需要根据实际情况研究后决策。

3.1.2　新技术可行性分析

汽车企业在进行产品定义时,会提出一些产品的特点或者优势,以提高未来产品上市后的竞争力。使用新技术可以很快地建立起产品的特点，比如目前已有少量车配备的隐藏式门把手，该技术出现时间不长，同类产品使用的还不多。还有车联网技术（IOV），该技术出现时间也不长，但所有新能源车型都需要配备；IOV 可以实现车辆数据的实时共享及记录，为车辆行驶安全及各种场景应用提供了基础，这些特点是传统内燃机汽车所不具有的。

新技术固然可以塑造产品的特点或提高产品某方面的优势，让早期就开始应用新技术的企业有可能具有先发优势，但是新技术也可能存在成本高、技术复杂、不够成熟等问题，需要汽车企业经过分析研究后再决策是否采用新技术。比如双离合变速器最早由大众汽车开始使用，一开始确实为大众汽车带来了巨大的关注度和销量，但随后也出现了较多的双离合变速器故障，凸显了新技术的不成熟和风险。

3.2　经营可行性分析

根据产品定义，汽车企业需要根据产品成本、售价、预计销量、产品生命周期等因素，综合评估新产品的经营可行性，分析产品的盈利空间，减少亏损风险。

3.2.1　产品成本分析

由财务、采购等部门，根据产品定义及采购成本等资料，分析新产品成本情况，包括生产线投资、研发投入、人力资源，以确认新产品的价格区间是否合理。成本分析十分重要，关系到新产品是否能为企业带来盈利以及新产品的价值。

3.2.2　产品盈利分析

在确定新产品的成本范围后，财务部门根据产品定价区间，可以预估新产品的盈利情况。根据盈利情况，可以反过来优化定价策略，实现产品价值的最大化。汽车产品由于配置多样，同一款车的配置不同，价格也不同。往往入门级产品的价格会较顶配级产品低不少，配置越高价格也越高，因此定价策略直接影响产品的盈利能力。

3.2.3　产品发展规划

在成本分析和盈利分析基本符合企业经营目标的情况下，需要对新产品的发展做一个规划，为企业发展提供持续的盈利能力。可以为新产品编制一个产品图谱，规划好图谱里产品的研发上市时间段，有序推进新产品的发展。比如某个系列汽车产品，首发车型为一款轿车，后续会有 SUV 车型，再往后是首发车型的改款车型等，如图 3-1 所示。

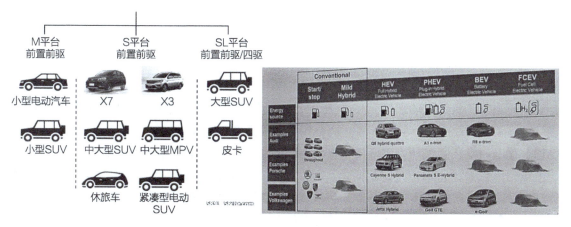

图 3-1 产品规划

3.2.4 产品生命周期规划

汽车产品上市后，随着技术、法规和人们要求的变化，产品需要进行升级，因此汽车有一个生命周期。目前行业内，新产品上市后 2 年左右进行小改款，5 年后进行大改款，如果产品持续盈利能力较强，则该产品就能持续发展下去。比如上海大众的桑塔纳车型，在国内发展 30 多年，仍持续盈利。但有的产品出现的时间则很短暂，主要是因为企业经营意图调整或者该产品没有实现很好的盈利。因此产品周期可长可短，具体根据企业经营策略来决定。一般产品以 5 年左右为一个周期来规划，如图 3-2 所示。

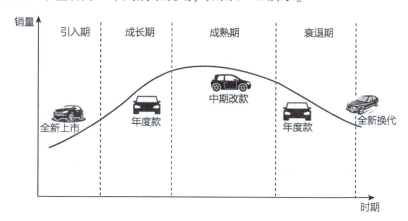

图 3-2 产品生命周期规划

3.3 立项

经过前期的市场调查、产品定义、产品配置分析、可行性分析等工作，如果是符合企业经营目标的产品，可以进行产品立项工作，此时产生新产品的工作称为"项目"。

3.3.1　立项决策

在企业决策层会议上，由企业决策者宣布新项目的开始，称为"立项"，并发布正式项目启动通知给各相关职能部门，如研发、市场、生产、销售、财务、采购等部门。一般来说，会给新项目设定一个项目代号，这个代号一般为企业内部的代号，与新产品上市以后的销售名称不一样。如2019年吉利汽车新上市的MPV车型"嘉际"，其内部代号为"VF11"，与市场销售名称"嘉际"完全不同。产品在企业内部的代号一般是为了在研发过程中方便管理所设定，而产品销售名称是为了考虑市场属性，需要市场部门再单独研究设定。

3.3.2　项目组织架构确定

新产品立项之后，为了顺利推进项目进展，需要成立专门的工作小组，称为"项目组"。项目组涵盖了研发、采购、质量、生产、市场、销售、财务、项目管理等部门，一般由几十至几百人组成，属于核心的项目参与人员。

项目组中会有项目总监负责项目总体进展及重要工作的决策；项目总工负责项目研发过程中技术问题的解决和把关；每个涉及的部门会有相应的接口人，称为"集成经理"，负责本部门工作的进展及与其他部门的配合；项目管理部会制订项目进展计划，管理及协调各部门的工作，解决项目推进中遇到的问题。具体的项目组织架构如图3-3所示。

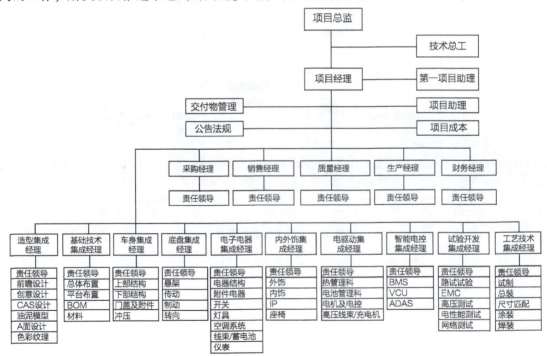

图3-3　项目组织架构

3.4 确定项目计划

新产品立项以后，就要开展相关的工作去推动项目的进展，这就需要制订一个项目计划，使各项工作有计划地进行，确保按时完成新项目的研发工作。项目计划可以分为项目主计划和项目二级计划。

3.4.1 项目主计划

目前行业内基本达成共识和实际应用的项目计划共分为8个节点，即G8～G1。其中G8是指项目启动；G7是指项目方案批准；G6是指项目批准；G5是指工程发布；G4是指产品及工艺验证；G3是指预试生产；G2是指试生产；G1是指正式投产（SOP）。

项目主计划主要反映项目组织架构中的各个相关部门在整个项目中最核心、最重要的工作任务，这些工作任务将体现在每个项目节点前，如图3-4所示。只有完成了这些核心工作，项目节点才能正常通过，进入下一个阶段，直至G1阶段，也就是产品量产或者正式投产（即SOP）。到SOP以后，整个项目研发设计阶段的工作基本完成，这也是产品研发设计工作最终的目标。

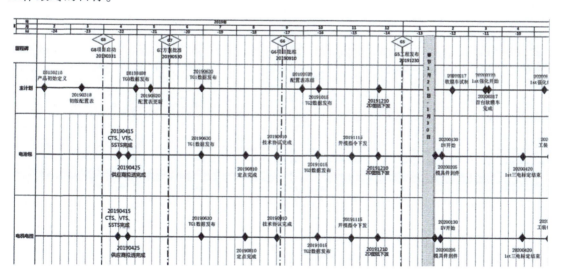

图3-4 项目主计划

3.4.2 项目二级计划

在项目主计划中的核心工作，也是组织架构中的各个相关部门的核心工作，各个部门为了按时完成这些核心工作，需要制订各自的项目二级计划，类似于部门的工作计划，如图3-5所示。在项目二级计划中，除了 G8~G1 的 8 个项目节点和相关的核心工作外，还需要把核心工作进行分解后产生的专业部门工作放到项目二级计划中，从而管控和推进各项专业部门工作的进展。

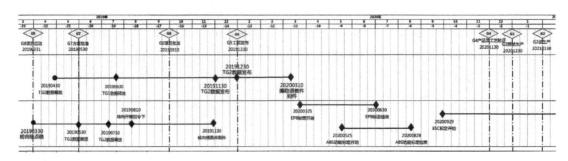

图 3-5　项目二级计划

第4章 产品设计标准

4.1 标准知识介绍

4.1.1 标准的定义

标准（Standard）是通过意见一致制订并经一个公认机构批准的，以在给定的范围内达到最佳秩序为目的，对各种活动或其结果提供共同的和重复使用的规则、指导原则或特性的文件（以科学、技术和经验的综合结果为基础）。

标准化（Standardization）是以在给定的范围内达到最佳秩序为目的，对实际的或潜在的问题制订共同的和重复使用的规定的活动（包括制订、发布及贯彻标准的过程）。

技术法规（Technical Regulation）是强制执行的规定产品特性或其有关工艺和生产方法的包括可适用的行政（管理）规定在内的文件。

不同的国家和地域，由于法律法规、气候条件、使用习惯等因素的差异，同类产品往往会有一定的差异，因此产品需要根据相应的设计标准来设计，以满足当地的要求。举例来说，在外贸行业，有的产品出口到别国，在进入该国之前，需要对产品进行认证，以检验产品是否符合该国的标准。汽车属于大宗商品，价值较高且影响安全，因此汽车的进出口需要进行产品认证。

1. 标准化组织及技术法规体系介绍

目前国际上影响较大的标准化组织是国际标准化组织/国际电工委员会（ISO/IEC）。各汽车强国的国家标准化组织有美国国家标准学会（ANSI）、日本工业标准调查会（JISC）、德国标准化协会（DIN）、英国标准学会（BSI）和中国汽车标准化技术委员会（NTCAS）等。汽车标准化组织有美国汽车工程师学会（SAE）、日本汽车标准组织（JASO）等。

具有较大影响力的汽车技术法规主要是联合国欧洲经济委员会汽车法规（ECE）、欧洲经济共同体/欧盟指令（EEC/EC）、美国联邦法规（FMVSS/EPA）、日本车辆保安基准、澳大利亚汽车设计规则（ADR）等。此外，还有国际汽车技术法规协调论坛（WP29）的《1958年协定书》《1998年协定书》等。

2. 我国标准化法律法规和管理体制

我国具有标准化的法律体系，相关规章有《国家标准管理办法》《行业标准管理办法》《采用国际标准管理办法》《全国专业标准化技术委员会管理暂行办法》等。

《标准化法》及实施条例指出，标准是对重复性事物和概念所做的统一规定。它以科学、技术和实践经验的综合成果为基础，经有关方面协商一致，由主管机构批准，以特定形式发布，作为共同遵守的准则和依据。标准化是在经济、技术、科学及管理等社会实践中，对重复性事物和概念通过制定、发布和实施标准，达到统一，以获得最佳秩序和社会效益的过程。强制性标准是指保障人体健康、人身和财产安全的标准和法律，是行政法规规定强制执行的标准。强制性标准必须遵守。不符合强制性标准的产品，禁止生产、销售和进口。

强制性标准是目前我国技术法规的主要表现形式，其范围有严格限制。主要包括：有关国家安全的技术要求；保护人体健康和人身财产安全的要求；产品及产品生产、储运和使用中的安全、卫生、环境保护等技术要求；工程建设的质量、安全、卫生、环境保护及国家需要控制的工程建设的其他要求；污染物排放限值和环境的质量要求；保护动植物生命安全和健康的要求；防止欺骗、保护消费者利益的要求；维护国家经济秩序的重要产品的技术要求。

汽车行业标准类型主要有国家标准（GB）、汽车行业标准（QC）、地方标准、企业标准，标准属性分为强制性标准及推荐性标准。国家标准（GB）为强制性标准。

标准的制定和修订过程如图4-1所示。

图4-1 标准的制定和修订过程

3. 我国汽车标准的管理模式

汽车行业标准采取统一管理的模式,全国汽车标准化技术委员会(SAC/TC114)于1988年成立,现设24个分技术委员会(整车、挂车、摩托车、发动机、车身、制动、灯具、电器、电动车辆等)和部分工作组(汽车电子、气囊、空调等),对口ISO/TC22、TC177和IEC/TC69,秘书处为中国汽车技术研究中心标准化研究所。我国汽车国家标准与行业标准技术内容主要由ECE/EEC技术法规转化,制定、发布程序如图4-2所示。

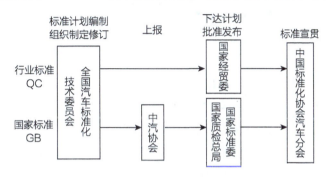

图4-2 我国汽车标准制定程序

我国积极参加国际技术法规协调活动,于2000年加入《1998年协定书》,参与全球统一技术法规制定进程并组织中国专家组参加APEC/TPT/RTHP法规协调活动,制定中国指导方针和并实施工作计划,继续跟踪和转化ECE/EEC法规,比如建立我国车辆技术法规体系,机动车设计规则(CMVDR)的发布,车辆法和型式认证制度的研究,相关法律的完善和修改等。

4.1.2 常用国内标准

国内汽车设计发展已经较为成熟,具备了较为完善的标准体系,设计及测试标准由国家标准化管理委员会负责制定和发布,其中很多标准参考了美国SAE和欧盟的标准。由于国内新能源汽车的快速发展,很多新能源汽车标准由我国自行制定并实施。常用的汽车国家标准部分见表4-1。根据标准编号,可以找到对应的标准内容,标准内容会根据情况进行更新,在设计产品的时候一般要采用最新的标准。国内最新的汽车设计标准及动态,可以登录全国汽车标准化技术委员会官方网站http://www.catarc.org.cn查看。

表4-1 常用汽车国家标准

序号	标准编号	标准名称
1	GB 14167—2013	汽车安全带安装固定点、ISOFIX固定点系统及上拉带固定点
2	GB 15084—2013	机动车辆 间接视野装置 性能和安装要求
3	GB 11552—2009	乘用车内部凸出物

（续）

序号	标准编号	标准名称
4	GB 11566—2009	乘用车外部凸出物
5	GB 11562—2014	汽车驾驶员前方视野要求及测量方法
6	GB 15741—1995	汽车和挂车号牌板（架）及其位置
7	GB 1589—2016	汽车、挂车及汽车列车外廓尺寸、轴荷及质量限值
8	GB 17354—1998	汽车前、后端保护装置
9	GB 32087—2015	轻型汽车牵引装置
10	GB 7063—2011	汽车护轮板
11	GB 7258—2017	机动车运行安全技术条件
12	GB/T 18388—2005	电动汽车 定型试验规程
13	GB/T 28382—2012	纯电动乘用车 技术条件
14	GB 11554—2008	机动车和挂车用后雾灯配光性能
15	GB 11555—2009	汽车风窗玻璃除霜和除雾系统的性能和试验方法
16	GB 11564—2008	机动车回复反射器
17	GB 15082—2008	汽车用车速表
18	GB 15085—2013	汽车风窗玻璃刮水器和洗涤器 性能要求和试验方法
19	GB 15235—2007	汽车及挂车倒车灯配光性能
20	GB 15740—2006	汽车防盗装置
21	GB 15742—2019	机动车用喇叭的性能要求及试验方法
22	GB 17509—2008	汽车及挂车转向信号灯配光性能
23	GB 18408—2015	汽车及挂车后牌照板照明装置配光性能
24	GB 21260—2007	汽车用前照灯清洗器
25	GB 23255—2019	机动车昼间行驶灯配光性能
26	GB 25991—2010	汽车用 LED 前照灯
27	GB 4094—2016	汽车操纵件、指示器及信号装置的标志
28	GB 4599—2007	汽车用灯丝灯泡前照灯
29	GB 4660—2016	机动车用前雾灯配光性能
30	GB 4785—2019	汽车及挂车外部照明和光信号装置的安装规定
31	GB 5920—2019	汽车及挂车前位灯、后位灯、示廓灯和制动灯配光性能
32	GB/T 19836—2019	电动汽车仪表
33	GB/T 24552—2009	电动汽车风窗玻璃除霜除雾系统的性能要求及试验方法
34	GB/T 4094.2—2017	电动汽车 操纵件、指示器及信号装置的标志
35	GB 11550—2009	汽车座椅头枕强度要求和试验方法
36	GB 14166—2013	机动车乘员用安全带、约束系统、儿童约束系统 ISOFIX 儿童约束系统

（续）

序号	标准编号	标准名称
37	GB 15083—2019	汽车座椅、座椅固定装置及头枕强度要求和试验方法
38	GB 16735—2019	道路车辆 车辆识别代号（VIN）
39	GB 19151—2003	机动车用三角警告牌
40	GB 8410—2006	汽车内饰材料的燃烧特性
41	GB/T 19949—2005	道路车辆 安全气囊部件
42	GB 11568—2011	汽车罩（盖）锁系统
43	GB 15086—2013	汽车门锁及车门保持件的性能要求和试验方法
44	GB 15743—1995	轿车侧门强度
45	GB 26134—2010	乘用车顶部抗压强度
46	GB 9656—2003	汽车安全玻璃
47	GB 11557—2011	防止汽车转向机构对驾驶员伤害的规定
48	GB 12676—2014	商用车辆和挂车制动系统技术要求及试验方法
49	GB 16897—2010	制动软管的结构、性能要求及试验方法
50	GB 17675—1999	汽车转向系 基本要求
51	GB 21670—2008	乘用车制动系统技术要求及试验方法
52	GB 9743—2015	轿车轮胎
53	GB/T 13594—2003	机动车和挂车防抱制动性能和试验方法
54	GB 14023—2011	车辆、船和内燃机 无线电骚扰特性 用于保护车外接收机的限值和测量方法
55	GB/T 18655—2018	车辆、船和内燃机 无线电骚扰特性 用于保护车载接收机的限值和测量方法
56	GB 34660—2017	道路车辆 电磁兼容性要求和试验方法
57	GB/T 18387—2017	电动车辆的电磁场发射强度的限值和测量方法
58	GB/T 14365—2017	声学 机动车辆定置噪声声压级测量方法
59	GB 1495—2002	汽车加速行驶车外噪声限值及测量方法
60	GB 11551—2014	汽车正面碰撞的乘员保护
61	GB 20071—2006	汽车侧面碰撞的乘员保护
62	GB 27630—2011	乘用车内空气质量评定指南
63	GB/T 30512—2014	汽车禁用物质要求
64	GB/T 31484—2015	电动汽车用动力蓄电池循环寿命要求及试验方法
65	GB/T 31485—2015	电动汽车用动力蓄电池安全要求及试验方法
66	GB/T 31486—2015	电动汽车用动力蓄电池电性能要求及试验方法
67	GB/T 27930—2015	电动汽车非车载传导式充电机与电池管理系统之间的通信协议
68	GB/T 20234.1—2015	电动汽车传导充电用连接装置 第1部分：通用要求
69	GB/T 20234.2—2015	电动汽车传导充电用连接装置 第2部分：交流充电接口

（续）

序号	标准编号	标准名称
70	GB/T 20234.3—2015	电动汽车传导充电用连接装置 第3部分：直流充电接口
71	GB/T 31467.3—2015	电动汽车用锂离子动力蓄电池包和系统 第3部分：安全性要求与测试方法
72	GB/T 31498—2015	电动汽车碰撞后安全要求
73	GB/T 18488—2015	电动汽车用驱动电机系统
74	GB/T 18384—2015	电动汽车 安全要求
75	GB/T 18386—2017	电动汽车 能量消耗率和续驶里程 试验方法
76	GB/T 18385—2005	电动汽车 动力性能 试验方法
77	GB/T 32960.1—2016	电动汽车远程服务与管理系统技术规范 第1部分：总则
78	GB/T 32960.2—2016	电动汽车远程服务与管理系统技术规范 第2部分：车载终端
79	GB/T 32960.3—2016	电动汽车远程服务与管理系统技术规范 第3部分：通讯协议及数据格式
80	GB 26149—2017	乘用车轮胎气压监测系统的性能要求和试验方法
81	GB/T 34657.2—2017	电动汽车传导充电互操作性测试规范 第2部分：车辆
82	GB/T 34658—2017	电动汽车非车载传导式充电机与电池管理系统之间的通信协议一致性测试
83	GB 22757.2—2017	轻型汽车能源消耗量标识 第2部分：可外接充电式混合动力电动汽车和纯电动汽车
84	GB 18655—2018	车辆、船和内燃机 无线电骚扰特性 用于保护车载接收机的限值和测量方法
85	GB/T 17619—1998	机动车电子电器组件的电磁辐射抗扰性限值和测量方法
86	GB 26149—2017	乘用车轮胎气压监测系统的性能要求和试验方法
87	GB/T 24554—2009	燃料电池发动机性能试验方法
88	GB/T 26779—2011	燃料电池电动汽车 加氢口
89	GB/T 29126—2012	燃料电池电动汽车 车载氢系统 试验方法
90	GB/T 26990—2011	燃料电池电动汽车 车载氢系统 技术条件
91	GB/T 26991—2011	燃料电池电动汽车 最高车速试验方法
92	GB/T 34593—2017	燃料电池发动机氢气排放测试方法
93	GB/T 35178—2017	燃料电池电动汽车 氢气消耗量 测量方法
94	GB/T 34425—2017	燃料电池电动汽车 加氢枪
95	GB/T 37154—2018	燃料电池电动汽车 整车氢气排放测试方法
96	GB/T 38046—2019	汽车乘员反光背心
97	GB/T 37153—2018	电动汽车低速提示音
98	GB/T 34013—2017	电动汽车用动力蓄电池产品规格尺寸
99	GB/T 34014—2017	汽车动力蓄电池编码规则
100	GB/T 34015—2017	车用动力电池回收利用 余能检测
101	GB 16737—2019	道路车辆 世界制造厂识别代号（WMI）
102	GB 24545—2019	车辆车速限制系统技术要求及试验方法

(续)

序号	标准编号	标准名称
103	GB 15083—2019	汽车座椅、座椅固定装置及头枕强度要求和试验方法
104	GB/T 36282—2018	电动汽车用驱动电机系统电磁兼容性要求和试验方法
105	GB/T 38146.1—2019	中国汽车行驶工况 第1部分：轻型汽车
106	GB/T 38117—2019	电动汽车产品使用说明 应急救援
107	GB/T 33598—2017	车用动力电池回收利用 拆解规范
108	GB 15083—2019	汽车座椅、座椅固定装置及头枕强度要求和试验方法
109	GB 36581—2018	汽车车轮安全性能要求及试验方法
110	GB/T 12673—2019	汽车主要尺寸测量方法
111	GB/T 38187—2019	汽车电气电子可靠性术语
112	GB/T 31466—2015	电动汽车高压系统电压等级
113	GB/T 38283—2019	电动汽车灾害事故应急救援指南
114	GB/T 37340—2019	电动汽车能耗折算方法
115	GB/T 37133—2018	电动汽车用高压大电流线束和连接器技术要求

4.2　SAE 标准

4.2.1　SAE 标准介绍

在实际设计产品时，除了按照国标的要求，还会参考使用国外的标准，使用最多的就是美国 SAE 标准。SAE 即 Society of Automotive Engineers 的缩写，中文名称为美国汽车工程师学会。SAE 成立于 1905 年，是目前国际上最大的汽车工程学术组织，其发布的 SAE 标准具有权威性，被广泛使用在汽车设计中。

4.2.2　常用 SAE 标准

国内汽车设计师，除了使用国内标准，还会使用一定的 SAE 标准作为设计参考和补充，使产品设计更优化。目前在国内汽车行业常用的 SAE 标准见表 4-2。

表 4-2　常用 SAE 标准

序号	标准编号	标准名称
1	SAE J 100—2016	A 类车辆风窗玻璃阴影区域
2	SAE J 1521—2014	载货车驾驶员使用离合器和加速器时的胫膝位置

(续)

序号	标准编号	标准名称
3	SAE J 826—2015	H 点机械和设计工具规程和规格
4	SAE J 1100—2009	机动车辆尺寸
5	SAE J 182—2015	机动车辆基准标志和三维坐标系
6	SAE J 264—2004	视野术语
7	SAE J 287—2016	驾驶员手控制区域
8	SAE J 383—2014	机动车辆座椅安全带固定点设计规程
9	SAE J 941—2008	汽车驾驶员眼位
10	SAE J 985—2016	后视镜设计中应考虑的视觉因素
11	SAE J 1050—2009	驾驶员视野的描述和测量
12	SAE J 1052—2017	机动车辆驾驶员及乘员头部位置
13	SAE J 1138—2009	乘用车、多用途车和总重量不超过 10000lb 的货车的驾驶员手操作位置设计标准
14	SAE J 1139—1999	汽车手操作件运动方向模式
15	SAE J 1516—2011	B 级车的布置工具的参考点
16	SAE J 1517—2011	B 级车的驾驶员座椅位置选择 座椅轨道长度和座椅参考点（SgRP）
17	SAE J 1594—1994	车辆空气动力学术语

4.3 其他标准

4.3.1 欧盟及日本标准介绍

除了前面提到的国标和 SAE 标准，欧洲标准和日本标准有时也会在设计工作中使用到或者用来作为参考，尤其是在设计出口欧盟的产品时，必须要采用欧洲的标准进行设计。另外，有的国标也参考了欧盟的标准进行制定。

4.3.2 欧盟及日本标准列举

欧洲标准主要有欧洲经济委员会法规与标准，即 ECE 法规与标准，见表 4-3；欧洲经济共同体法规与标准，即 EEC 法规与标准，见表 4-4。日本工业标准是常见的日本标准，即 JIS 标准，见表 4-5。

表 4-3 ECE 法规与标准

序号	标准编号	法规与标准名称
1	ECE R1	关于批准发射不对称近光和/或远光并装有 R2/ 或 HS1 类灯丝灯泡的机动车前照灯的统一规定
2	ECE R2	关于批准发射不对称近光和/或远光并装有 R2 类灯丝灯泡的机动车前照灯认证的统一规定
3	ECE R3	关于认证机动车及其挂车回复反射装置的统一规定
4	ECE R4	关于认证机动车辆（不含摩托车）及其挂车后牌照板照明装置的统一规定
5	ECE R5	关于认证使用欧洲型非对称近光或远光或两者兼有的机动车封闭式前照灯（SB）的统一规定
6	ECE R6	关于批准机动车及其挂车转向指示器的统一规定
7	ECE R7	关于批准机动车（不含摩托车）及其挂车前后位置（侧边）灯、制动灯和示廓灯的统一规定
8	ECE R8	关于批准发射不对称近光和/或远光或两者兼有并装有卤素灯丝灯泡（H1，H2，H3，HB3，HB4，H7，H8，H9，HIR1，HIR2 和/或 H11）的机动车前照灯的统一规定
9	ECE R9	关于就噪声方面批准 L2、L4 和 L5 类车辆的统一规定
10	ECE R10	关于就电磁兼容方面批准车辆的统一规定
11	ECE R11	关于就门锁和车门保持件方面批准车辆的统一规定
12	ECE R12	关于防止在汽车碰撞时转向机构对驾驶员的伤害认证的统一规定
13	ECE R13	关于就制动方面批准 M 类、N 类和 O 类车辆的统一规定
14	ECE R14	关于就安全带安装固定点方面认证车辆的统一规定
15	ECE R15	关于就安全带固定点方面批准车辆的统一规定
16	ECE R17	关于就座椅、座椅固定点和头枕方面批准车辆的统一规定
17	ECE R18	关于就防盗方面批准车辆的统一规定
18	ECE R19	关于认证机动车前雾灯的统一规定
20	ECE R20	关于批准发射不对称近光和/或远光或两者兼有并装有卤素灯丝灯泡（H4 灯泡）的机动车前照灯认证的统一规定
21	ECE R30	关于机动车辆及其挂车充气轮胎认证的统一规定
22	ECE R30	关于认证发射非对称近光和/或远光的卤素封闭式（HSB）机动车前照灯的统一
…	……	……

表 4-4 EEC 法规与标准

序号	标准编号	法规与标准名称
1	70/156/EEC	在有关机动车辆及其挂车的型式批准方面各成员国的法规一致性
2	70/157/EEC	关于汽车的容许声级和排气系统的各成员国相关法规
3	70/222/EEC	机动车辆及其挂车后牌照板的固定及其安装空间
4	70/311/EEC	关于成员国有关汽车及其挂车的转向装置的法规
5	70/388/EEC	关于与汽车声响报警装置有关的各成员国的相关法规
6	71/320/EEC	关于统一各成员国某些类机动车辆及其挂车制动系统的相关法规
7	72/245/EEC	关于车辆的无线电干扰（电磁兼容性）
8	74/60/EEC	关于协调各成员国有关机动车辆内部装饰件的法规
9	74/408/EEC	汽车座椅、座椅的固定装置和头部保护装置等发布的指令
10	74/483/EEC	关于协调各成员国有关汽车外部凸出物的法规
11	76/114/EEC	机动车辆及其挂车的法定铭牌及其内容，以及铭牌安装的位置和方法
12	76/115/EEC	关于车辆安全带固定装置的成员国法规
13	76/756/EEC	关于机动车辆及其挂车上照明及光信号装置的安装有关的各成员国法规
14	76/757/EEC	关于统一各成员国机动车辆及其挂车反光镜法律的理事会指令
15	76/758/EEC	关于各成员国机动车辆及其挂车示廓灯、前位置灯、后位置灯、制动灯、日间行车灯及示宽灯的相关法规
16	76/759/EEC	关于各成员国机动车辆及其挂车转向指示灯的法规
17	76/760/EEC	关于协调各成员国有关机动车辆及其挂车后牌照灯的法规
18	76/761/EEC	关于协调各成员国有关机动车辆及其挂车已认证车灯装置的远光或近光前照灯以及光源的法规
19	76/762/EEC	关于协调各成员国有关机动车辆前雾灯的法规
20	77/389/EEC	机动车辆牵引装置
21	77/538/EEC	关于机动车辆及其挂车后雾灯的各成员国法规
22	77/539/EEC	关于各成员国有关机动车辆及其挂车倒车信号灯的法规
23	77/541/EEC	各成员国有关机动车辆安全带和约束系统的法规
24	77/649/EEC	机动车辆驾驶员视野
25	78/317/EEC	机动车辆玻璃表面的除雾除霜系统
26	78/318/EEC	机动车辆刮水器和清洗器系统
…	……	……

表 4-5　日本 JIS 标准

序号	标准编号	标准名称
1	JIS C 3405—1998	道路车辆 高压电缆
2	JIS C 3406—1993	汽车低压电缆
3	JIS C 3409—1993	汽车高压电阻电缆
4	JIS C 7506-1—2008	道路车辆用白炽灯泡 第1部分：尺寸、照明和电要求
5	JIS C 7506-2—2008	道路车辆用白炽灯泡 第2部分：性能要求
6	JIS C 7506-3—2008	道路车辆用白炽灯泡 第3部分：小型灯泡
7	JIS D 0001—2001	道路车辆 参数表标准格式
8	JIS D 0010-1994	摩托车和轻便摩托车参数表标准格式
9	JIS D 0012-2001	道路车辆 变速器换档位置
10	JIS D 0021-1998	汽车驾驶员视野
11	JIS D 0022-1998	汽车脚踏板侧向间隙
12	JIS D 0023-1984	乘用车驾驶员手控制范围
13	JIS D 0024-1985	道路车辆 H 点的确定方法
14	JIS D 0030-1982	汽车用三坐标参考系
15	JIS D 0032-2006	道路车辆 控制器、指示器及信号装置的符号
16	JIS D 0033-1998	乘用车 手控制器、指示器及信号装置的位置
17	JIS D 0050-1998	乘用车 质量分布
18	JIS D 0101-1993	汽车分类术语
19	JIS D 0102-1996	道路车辆 尺寸，质量，重量及性能 词汇
20	JIS D 0103-1997	汽车部件 电气零部件 术语
21	JIS D 0104-1986	汽车主要系统术语
22	JIS D 0105-1987	载货汽车车厢类型术语
23	JIS D 0106-2005	道路车辆 制动器类型、制动机构和操作 词汇
24	JIS D 0107-2005	道路车辆 制动装置 术语
25	JIS D 0108-1985	汽车排放污染物控制 术语
26	JIS D 0109-2007	摩托车和轻便摩托车 词汇
27	JIS D 0110-1988	汽车装置 术语
28	JIS D 0111-1992	汽车悬架 术语
29	JIS D 0112-2000	电动车辆 术语（整车）
30	JIS D 0113-2000	电动车辆 术语（电机和控制器）
31	JIS D 0114-2000	电动车辆 术语（电池）
32	JIS D 0115-2000	电动车辆 术语（充电器）
33	JIS D 0117-1-2005	道路车辆和内燃机 滤清器词汇 第1部分：滤清器及其部件定义

(续)

序号	标准编号	标准名称
34	JIS D 0117-2-2005	道路车辆和内燃机 滤清器词汇 第2部分：滤清器及其部件特性
35	JIS D 0201-1995	汽车零部件 电镀通则
36	JIS D 0202-1988	汽车零部件 喷涂通则
37	JIS D 0202-2007	汽车零部件 喷涂通则（修正本1）
38	JIS D 0203-1994	汽车零部件的耐湿和耐水及雾试验方法
39	JIS D 0204-1967	汽车零部件高低温试验方法
40	JIS D 0205-1987	汽车零部件耐候性试验方法
41	JIS D 0207-1977	汽车零部件防尘试验通则
42	JIS D 0208-1993	汽车用开关试验方法通则
43	JIS D 0210-1995	汽车和摩托车制动器试验方法通则
44	JIS D 0301-1982	汽车车身内部尺寸测量方法
45	JIS D 0302-1996	道路车辆 外廓尺寸测量方法
46	JIS D 0303-1998	乘用车 行李舱 标准容积测量方法
47	JIS D 0401-2000	汽车附件 儿童约束系统
48	JIS D 0401-2006	汽车附件 儿童约束系统（修正本1）
49	JIS D 0801-2012	道路车辆 自适应巡航控制系统 性能要求和试验规程
50	JIS D 0802-2002	道路车辆 车辆正面碰撞报警系统 性能要求和试验规程
51	JIS D 0803-2012	运输信息和控制系统 低速运行时的辅助控制（MALSO）性能要求
52	JIS D 0804-2007	智能交通系统 车道偏离报警系统 性能要求和试验规程
53	JIS D 0805-2010	智能交通系统 车道变换确定辅助系统 性能要求和试验规程
54	JIS D 0806-2011	智能交通系统 低速跟踪系统 性能要求和试验规程
55	JIS D 0807-2011	智能交通系统 速度自适应巡航系统 性能要求和试验规程
56	JIS D 1000-2009	摩托车 发动机试验代码 净功率
57	JIS D 1001-1993	道路车辆 发动机功率试验代码
58	JIS D 1010-1982	汽车道路试验方法通用规则
59	JIS D 1011-1993	道路车辆 车速表 校准方法
60	JIS D 1012-2005	汽车 燃料消耗量试验方法
61	JIS D 1013-1993	汽车制动试验方法
62	JIS D 1014-1982	汽车加速试验方法
63	JIS D 1015-1993	汽车滑行试验方法
64	JIS D 1016-1982	汽车最高车速试验方法
65	JIS D 1017-1993	汽车爬陡坡试验方法
66	JIS D 1018-1982	汽车爬长坡试验方法

（续）

序号	标准编号	标准名称
67	JIS D 1019－1982	汽车牵引试验方法
68	JIS D 1020－1993	汽车 砂地试验方法
69	JIS D 1021－1993	汽车起动试验方法
70	JIS D 1022－1982	汽车行驶试验方法
71	JIS D 1023－1982	汽车大修检查方法
72	JIS D 1024－1999	声学 道路车辆加速噪声测量方法 工程法
73	JIS D 1025－1985	汽车最小转弯半径试验规程
74	JIS D 1026－1987	静止道路车辆噪声测量方法
75	JIS D 1303－2004	电动车辆 电池 充电效率试验方法
76	JIS D 1304－2004	电动车辆 充电系统 充电效率试验方法
77	JIS D 1401－2009	混合动力电动汽车用双层电容器电气特性试验方法
78	JIS D 1045－2006	道路车辆 附属装置噪声的测量 副发动机和压缩空气噪声
79	JIS D 1046－2006	内轮汽油车 在底盘测功机上指定驾驶循环燃料消耗量的测量
80	JIS D 1050－1998	道路车辆 碰撞试验测量技术 仪器
81	JIS D 1060－1982	乘用车前/后碰撞试验规程
82	JIS D 1061－1995	乘用车转向控制系统试验室冲击试验方法
83	JIS D 1070－1998	乘用车定圆回转试验规程
84	JIS D 1101－1985	柴油机汽车烟度测量方法
85	JIS D 1201－1998	道路车辆 农林拖拉机和机械 内饰材料燃烧特性的确定
86	JIS D 1301－2001	电动汽车 续驶里程和能耗的测量
87	JIS D 1302－2004	电动汽车 电机 最大功率测量方法

新能源汽车
设计基础

第 5 章　产品总体方案设计

5.1　确定产品的技术路线及方案

产品立项以后，就进入了研发阶段。新能源汽车是一种技术密集型产品，其中最重要的一个技术就是动力系统技术，选择什么样的动力系统，就是一种技术路线。比如主流的新能源汽车动力系统主要有纯电动、插电式混合动力、增程式混合动力以及燃料电池动力系统等，针对不同的动力系统，相对应的整车技术方案也不相同。

5.1.1　产品技术路线

目前，新能源汽车动力系统采用最多的技术路线还是纯电动，代表车企有比亚迪、特斯拉等。纯电动汽车通过电控系统控制驱动电机，驱动电机使用动力电池的电能运转，输出动力；主要部件就是电控系统、驱动电机和动力电池，且均为高压部件；当动力电池电量较低时，需要充电补充电能。目前动力电池技术不够成熟、续驶里程较短、充电时间较长、充电场地较少等问题，是纯电动汽车发展的限制因素。

插电式混合动力汽车（PHEV）也是应用较多的技术路线，国内外各大汽车企业都推出了此类车型。插电式混合动力汽车除了具有电控系统、驱动电机和动力电池，还具有传统内燃机及油箱动力系统，是传统技术路线和纯电动技术路线的结合，如图 5-1 所示。在动力电池电量充沛的情况下，插电式混合动力汽车的运行模式如同纯电动汽车；当动力电池电量不足时，插电式混合动力汽车将会切换到传统汽车的运行模式，即内燃机燃烧化石燃料产生动力并驱动汽车行驶至可以充换电的场所。插电式混合动力汽车的油箱比较小,是一种备用的能源储备,油料大约能维持行驶 200km 左右,防止车辆因动力电池电量不足而抛锚。因此,插电式混合动力汽车的主要能源还是来自于动力电池。插电式混合动力汽车克服了纯电动汽车因动力电池电量不足而抛锚的风险,比较实用,较为适合目前的新能源汽车发展阶段,因此应用较多。

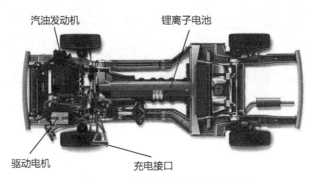

图 5-1　插电式混合动力汽车

增程式混合动力汽车(REEV)也有应用,但较插电式混合动力汽车少,国内市场普通用户能买到的宝马 i3 就是增程式混合动力汽车。增程式混合动力汽车与插电式混合动力汽车有相同点也有不同点,相同点是增程式混合动力汽车同样具有电控系统、驱动电机和动力电池,不同点是增程式混合动力汽车具有增程器,如图 5-2 所示。增程器其实就是内燃机和发电机的组合体,内燃机燃烧化石燃料输出动力,驱动发电机运转发电,进而给动力电池充电。增程式混合动力汽车的运行模式是在动力电池电量充沛的情况下,汽车运行如同纯电动汽车;当动力电池电量不足时,增程器开始运转并给动力电池充电,使汽车能够行驶至可以充换电的场所。同样地,增程式混合动力汽车的油箱也比较小,也是一种备用的能源储备,当增程器开始工作以后,应立即驶往就近的充换电场所,切不可继续驶往他处,以免车辆抛锚。

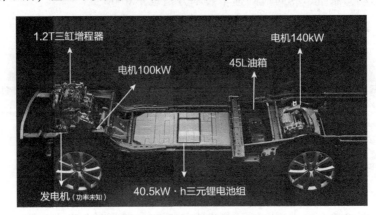

图 5-2　增程式混合动力汽车

燃料电池动力汽车(FCV)是潜力巨大的一种技术路线,因为燃料电池动力系统的电能由化学反应产生,补充反应物(如氢)很方便,使用起来和传统汽车很类似。燃料电池用燃料和氧气作为原料；同时没有机械传动部件，故没有噪声污染，排放出的有害气体极少。由此可见，从节约能源和保护生态环境的角度来看，燃料电池是很有发展前途的发电技术。氢燃料电池车的主要部件有储氢罐、电控系统、驱动电机、燃料电池堆和动力电池，如图5-3所示。储氢罐用于储存液态氢，燃料电池堆负责发电并向动力电池充电，动力电池向驱动电机提供电能，驱动电机运转从而产生动力。从本质上讲，燃料电池汽车也是纯电动汽车的一种。国内十分重视燃料电池汽车的发展，将作为下一代新能源汽车的发展方向。目前国内主要是公共交通中有所应用，还未大范围使用，制约燃料电池汽车在我国发展的主要原因是基础设施建设才刚刚开始，基础设施指的就是类似于加油站的加氢站等服务设施；还有就是氢燃料的获得成本较高。

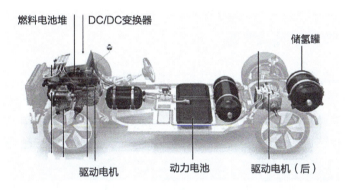

图5-3　燃料电池动力汽车

5.1.2　产品技术方案

根据上述不同的产品技术路线，制定相应的技术方案。新能源汽车是在传统汽车基础上发展起来的，与车身、内外饰、底盘、低压电气系统有关的技术方案总体与传统车类似，在细节上可以根据不同的需要进行调整；与动力系统、高压电气部分的相关技术方案就要建立在新能源汽车的基础上进行研究。比如目前很多纯电动车型，驱动电机的技术方案均为前置横置，类似于传统车的发动机前置横置；但也有一些纯电动车型采用驱动电机后置或者前后双电机驱动（图5-4）的技术方案。

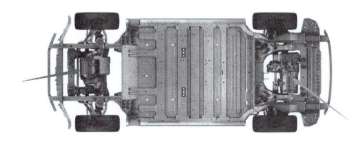

图5-4　前后双电机驱动

5.2 确定产品的技术参数

在产品定义及技术路线的框架下，进行具体工程设计之前，需要确定产品的设计参数。产品研发设计是一个严谨的工作过程，需要输入条件（input），根据输入条件开展实际设计工作，然后反馈工作结果，即工作输出（output）。产品设计参数就是一个设计输入，设计参数主要有物理参数和性能参数两类。

5.2.1 确定产品物理参数

产品物理参数是指这个产品的物理尺寸。比如新能源汽车产品的长度、宽度、高度就是最典型的物理尺寸参数，衡量了产品的规格大小，这些物理参数也称为"整车参数"。不同物理尺寸参数的车就代表了车辆的级别与分类，比如前文提到的乘用车分类里，从微型车到高级轿车，车辆的长、宽、高等参数是越来越大的，车辆级别也越来越高。

在产品定义和配置表等文件中，会把一些主要的车辆物理参数初步确定下来，主要参数包括长度、宽度、高度、轴距、轮距、最小离地间隙、行李舱容积、前悬长、后悬长、轮胎规格、整车重量等。这些都是最重要的基本参数，是根据产品定义及竞品分析以后得出的。产品其他细节的物理尺寸参数需要在进一步的工程设计中进行优化和确定。

5.2.2 确定产品性能参数

产品的性能参数相对物理参数来说，不是直观能看到的，一般体现在产品的使用价值、质量品质和用户体验上。新能源汽车最主要性能参数包括电池总能量、续驶里程、充电时间、百公里耗电量、百公里加速时间、最高车速、最大爬坡度等。另外还有各个专业的性能参数，比如安全性、NVH、整车 EMC、操稳平顺性、制动、整车热管理、计算流体动力学（CFD）、可靠性及耐久性、驾驶性、空调性能等，需要各专业协同完成这些参数的设定和优化。

第 6 章　产品平台化设计

6.1　平台化设计概述

目前平台化设计已经在全行业普遍应用，该方法可以使新产品开发极大地降低成本，缩短开发周期，提高新产品推出速度，是一种很好的产品设计方法。

平台化设计策略是各大汽车公司当前在产品开发中最流行、最科学、效率最高的一个产品开发思路；这种设计思想不仅可以满足用户个性化的需求，还可以生产出适应全球不同市场的产品；在制造环节，同一平台的产品大量采用通用化的零部件和总成，大大降低了制造成本和采购成本；在研发环节，一个完善的平台设计有助于多款同级车型的性能提升，并且降低各自独立开发造成的研发费用和重复投入。

6.1.1　平台化设计理念

平台化设计是指一系列车型的设计开发共用一套下部车身、底盘、电气系统架构，这共用的一套架构就称为"平台"。"平台"相当于一个基础，"平台"里包括的零部件称为"平台件"。不同车型在"平台"的基础上，根据各自的特点和要求去设计开发其他部分的零部件，这些零部件称为"非平台件"，主要是与车辆造型有关的零部件。与造型有关的零部件一般无法平台化，除非想要沿用该零件。在动力总成模块位置固定之后，同平台的不同车型的前悬、前轮距、后轮距、轴距、后悬、车身尺寸等也都是可以调整的。

采用平台化设计后，"平台件"都可以沿用，使得零部件可以通用，一般通用化率可以达到 80% 以上，因此平台化设计可以大幅降低产品开发的成本和周期，是当代汽车设计一种很好的设计理念，如图 6-1 所示。

图 6-1　平台化设计理念

6.1.2　平台化设计应用举例

平台化最早的应用，可以追溯到 20 世纪 30 年代的美国汽车巨头"福特汽车"。福特 30 年代的经典 T 型车，将整个动力系统、底盘系统安装在承载式车架上，上部车身与车架分离，在 T 型车平台上可以安装三厢车、Coupe 车身，甚至面包车、小货车车身。

当代采用平台化设计最知名的当数德国大众汽车集团。大众集团旗下拥有大众、奥迪、宾利、布加迪、兰博基尼、西亚特、保时捷等品牌，如图 6-2 所示，大众车型平台与各品牌共享。20 世纪 80 年代，大众提出了自己的平台化战略，随后便拥有了大家熟知的 PQ 平台：分别是 PQ2X、PQ3X、PQ4X。其中 PQ2 代表 A0 级车，PQ3 代表 A 级车，PQ4 代表 B 级车，X 代表第几代。比如速腾是在 PQ35 平台（图 6-3）上设计开发的，是 A 级轿车第 5 代产品。后来，大众继续平台化整合，将旗下多个品牌的超过 16 个平台整合成几大平台：即 MQB（横置发动机）、MLB（纵置发动机）、MHB（后置发动机）、MMB（中置发动机）以及 MEB（电驱动）平台，如图 6-4 所示。

图 6-2　大众集团各汽车品牌

图 6-3 大众 PQ35 平台车型

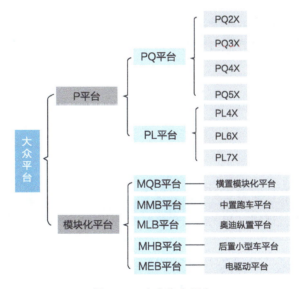

图 6-4 大众汽车平台

现在全球主要汽车企业都在推行平台化设计理念，如吉利的 CV 平台、FE 平台、与沃尔沃共用的 CMA 平台以及生产高端车型的 KC 平台；上汽的 GlobalE 平台；北汽的 M-trix 平台；长安的高端车型 C 平台；奔驰的 MFA 前驱平台和 MRA 后驱平台；宝马的 UKL 平台；沃尔沃的 SPA 平台；日产的 CMF 平台；标致雪铁龙的 EMP2 平台；丰田的 TNGA 平台等。

6.2 现有平台设计

对于在现有平台上开发的新车型，即属于平台化车型，具有零部件通用化程度高、开发成本低、开发周期短等优势。

6.2.1 完全沿用现有平台

平台化设计理念，就是要尽可能地沿用平台件，提高零部件的通用化率。完全沿用现有平台进行新产品的设计开发是最理想的状态，也是平台化设计的基本要求。现有平台经过前期车型的量产和验证，已经是一个成熟的技术平台，各种研发成本都得以大幅下降，因此利用好现有平台很有意义。目前全球各大汽车企业的新车型，大多数都是在现有平台上进行设计开发的，平台化设计逐渐成为汽车设计的主流方式。

6.2.2 现有平台更改

在现有平台上开发新车型，由于某些零部件的造型等原因需要重新设计的时候，就需要更改现有平台的零部件。但这样做会降低平台零部件的通用化率，增加额外的开发成本，一般不推荐这种方法。

6.3 新平台设计

新平台就是从无到有地研发一个全新的平台，新平台的打造需要耗费大量的资源，同时也能把新技术加以应用，规避已知风险，提高平台的技术先进性和可靠性。

6.3.1 成熟技术新平台

基于成熟技术研发一个新的平台比较适合一些新成立的汽车企业，新汽车企业由于缺乏技术积累，采用成熟技术研发自己的平台风险可控，难度也较小。有积累的汽车企业，根据企业发展目标和市场需求，为节约开发成本和缩短开发周期，采用成熟技术打造一个新的平台也是可以的。

6.3.2 全新技术新平台

全新技术新平台是指汽车企业在研发一个新平台时，使用了一定的新技术，而不是指整个平台使用的全部都是新技术。比如大众开发的电驱动平台（MEB），该平台的车身、底盘、电气架构等基本为成熟技术，使用的电驱动技术可以认为是全新技术，因为之前大众并未有此类电驱动平台。成熟技术与全新技术相结合，可以使产品得到升级，使平台更新换代。

6.4 改款

汽车产品改款（Facelift）是在现有产品基础上进行的，属于产品小范围更改。其目的是为了迎合市场需要及持续提高产品的竞争力。产品改款一般在新产品上市后2~5年进行。改款一般不会涉及平台件的更改，主要是造型件以及某些配置的变更。

6.4.1 小改款

小改款一般是指汽车前脸和车尾的小改。比如更改了前后保险的造型、雾灯或者前照灯的结构形状等，一般不涉及车身结构的更改。小改款一般在新产品上市两年左右进行，但有的汽车企业改款速度较快，可能一年左右就进行小改款。五菱宏光车型改款如图6-5所示。

a) 2015 款

b) 2016 款

图6-5 五菱宏光

6.4.2 大改款

大改款更改的内容除了小改款涉及的，一般还会更改车身结构，比如翼子板、前舱盖、行李舱门、侧围，有的甚至将整个上车身进行重新设计。大改款改动量较大，一般在新产品上市5年左右进行。由于大改款距离新产品上市时间较长，市场上可能会出现新技术或者新配置，这时有可能会对一些平台化件进行更改，用于提高平台的技术水平和竞争力。奥迪Q5大改款前后如图6-6所示。

a）2017款

b）2020款

图6-6　奥迪Q5

6.4.3　配置改款

配置改款一般与小改款、大改款相结合，根据市场情况和用户需求，对原车型上的配置进行更改，一般是进行配置升级，以提高产品的竞争力和客户满意度，比如有的产品增加了胎压监测系统（TPMS），可以提高车辆安全性。但也有一些汽车企业，为了降低产品成本、增加利润率或者提升价格优势而进行减配，比如前照灯清洗这个功能并不是太实用，有的产品在改款后就取消了这一配置。有的改款是为了优化整车性能，比如更换整个动力总成及动力电池，提高整车续驶里程及降低百公里耗电量。

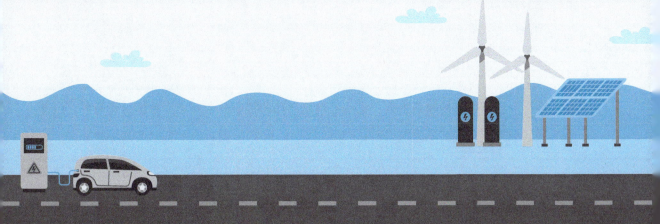

第 7 章　产品造型设计

整车造型设计是一项重要的设计工作，与工程设计有很大的区别。造型设计简单来说就是美学设计，让产品给用户呈现一种美感的设计工作，为工程设计提供基础；而工程设计主要是根据造型设计方案将产品设计制造出来，两者侧重点不同。

目前在行业内，各大汽车企业都很重视产品造型，纷纷建立了自己的造型中心。很多造型中心与工程设计中心（一般称为汽车设计研究院或者技术中心）分开，有的造型中心甚至设置在国外。汽车造型工作一般由艺术家或者美术家完成，即造型设计师；汽车工程设计工作一般由工程师完成。

7.1　造型草图

经过前期的产品定义、配置确认等工作后，就可以开始具体的产品设计了，首先需要大致确定产品的造型。产品造型通俗来讲就是汽车的外观、外形，包括大的形面、线条以及局部细节的处理。汽车的造型效果可以说是目前汽车各种评价指标中最重要的一项，也就是汽车的"颜值"。汽车造型效果能否得到用户的认可，关系到产品是否能获得成功。最初的造型工作从造型草图开始。

7.1.1　概念草图

概念草图是造型设计师造型创意的最初表现形式，如图 7-1 所示。造型设计师根据产品定义的风格和整车尺寸比例，设计造型创意，纯手工绘制草图或者借助数位板等设备手绘草图。草图一般由粗略的线条组成，大致展现新产品的特征概念即可。草图尽管简单，但却是造型设计的精华，指导后续的造型详细设计。

图 7-1　概念草图

7.1.2　草图更新

随着工作的进行，造型设计师会对概念草图进行更新，以优化设计，得到最满意的设计效果。不同的草图，称为版本更新。一般会先设计几个概念草图，以备选择。每个不同的概念草图版本，都会进行更新。

7.2　效果图

根据几个不同创意的概念草图以及配置表，可以进行下一步详细的效果图设计。效果图设计又分为外观效果图和内饰效果图两大部分，外观效果图尤其重要。目前行业内较多使用Alias 软件来进行效果图的设计。

7.2.1　效果图设计

根据概念草图及配置，在 Alias 软件中进行建模，把一些细节通过造型设计体现出来，然后通过软件的渲染等功能，将整体的造型效果展现出来，称为"效果图"，如图 7-2 所示。"效果图"能比较直观地呈现出新产品的外观、内饰形状及风格。新产品量产后的效果就是类似于效果图所呈现的感官体验，让人可以提前看到新产品的状态。

图 7-2 效果图

7.2.2 效果图评审

之前提到，造型师会设计几个不同的概念草图用以备选。因此根据不同的概念草图来设计，就会得到不同的效果图。为了确定新产品的造型效果，需要组织效果图的评审。

效果图的评审会邀请企业决策者、项目领导、各部门同事参加，评审时，会把效果图贴在墙上，通过对不同的效果图进行投票，选取一个大家都认可的效果图。有时在评审时，企业决策者或者项目领导会觉得不同的效果图之间有可以借鉴的设计元素或者有新的想法要求，这时需要造型设计师根据评审意见，重新设计效果图并评审。经过多轮评审，最终效果图一般由企业决策者确定。

7.3 CAS 面及 A 面设计

最终效果图确定后，需要将二维的效果图转化为三维的设计数据，即开始内外 CAS 面的设计。CAS（Concept A Surface）是指汽车初步造型面，有外造型和内造型之分；A 面是指更为精细的造型面。在汽车造型 A 面发布之前，用于初步展示汽车内、外部造型的数字模型称为 CAS 面。CAS 面主要是用于造型可研阶段进行法规要求、造型效果、工程设计、生产制造的校核。A 面是造型设计完成的一个交付物，精度满足设计要求，用于产品造型设计冻结。

7.3.1 外 CAS 设计

外造型的 CAS 称为外 CAS，主要是指汽车整个外表面的造型，如图 7-3 所示。根据外造型的效果图，造型设计师根据产品定义、造型设计风格和整车参数进行油泥模型的制作（下文会做介绍），此时的设计已经开始结合产品定义的要求进行设计，而不只是造型创意或者概念设计了。通过三坐标扫描仪对油泥模型进行扫描,形成点云,经过 CATIA 软件进行处理后,形成外 CAS 数据。外 CAS 发布后,各专业部门要对外 CAS 进行工程设计、法规等方面的校核,确保造型符合设计要求。外 CAS 的设计会有几个过程,并会进行多轮的油泥模型制作,经过几轮评审,最后确认终版外造型。

图 7-3 外 CAS 面

7.3.2 内 CAS 设计

内造型的 CAS 称为内 CAS,主要是指乘员舱内的造型面数据,如图 7-4 所示。根据内造型的效果图,造型设计师同样进行油泥模型的制作,并形成内 CAS。内 CAS 发布后,各专业部门也要对内 CAS 进行工程设计、法规等方面的校核。内 CAS 的设计同样会有几个版本,并会进行多轮油泥模型的制作及评审,最后确认终版内造型。

图 7-4 内 CAS 面

7.3.3 A 面设计

A 面是 CAS 面设计的产物,是造型设计的最终成果,如图 7-5 所示。CAS 面达到 A 面的标准及通过造型评审后,A 面就完成了。汽车设计曲面可以分为 A、B、C 三个级别。A 级曲面,即 A 面,要求最高,影像评定不可以出现变异,对于车身来说,一般指车身外表可见件及内饰可见件,如顶盖、发动机罩外板、翼子板、保险杠及内饰仪表板等部件。B 级是指地板等大型不可见件。C 级主要是结构支撑件,如支架等。

利用高等数学进行理论分析,"点连续"是 C 类曲面,切线连续是 B 类曲面,曲率连续是 A 类曲面。点连续也称为 G0 连续;切线连续也称为 G1 连续;曲率连续也称为 G2 连续,将产生光滑的曲面。

图 7-5　A 面

7.4　油泥模型

为评估造型设计方案的实际效果,造型设计师会进行油泥模型的制作。油泥是一种可塑性极强的工业黏土,主要用于雕塑、工艺品等的模型制作,具有久置不变质、可循环使用、不粘手、可精雕细琢等特点。

7.4.1　油泥模型制作

油泥模型,是指根据一定的比例(目前行业内基本都采用1:1),通过油泥及辅助材料来制作车辆造型的模型,如图 7-6 所示。油泥模型因为造型效果好和表现真实而被广泛应用,分为外造型油泥模型和内造型油泥模型。

图 7-6　油泥模型

根据 CAS 面制作油泥模型类似于制作一个雕塑品，由造型设计师手工完成。油泥与橡皮泥类似，但要求更高，主要成分是滑石粉、凡士林、工业用蜡等。造型设计师先根据整车尺寸，搭建一个油泥的骨架，为使油泥模型与 CAS 数据一致，一般会将架子搭建在三坐标测量仪上；然后将油泥涂抹到木质或者钢制骨架上，利用铲子、刮片等工具对油泥进行塑造，边制作边通过三坐标测量仪核对模型，慢慢完成汽车外形及内部造型模型。按照 1:1 实际尺寸制作的油泥模型，可以搭配上实际的转向盘、轮胎、座椅等零件，以评价汽车整体内外造型的效果。

7.4.2 油泥模型冻结

内外造型油泥模型经过多次评审以后，会形成一个最终版的造型效果，此时称为油泥模型冻结（图 7-7）。对应冻结版的油泥模型，会有一版造型 A 面（即终版的 CAS），此时造型设计工作也基本结束了，接下去主要是工程设计阶段。

图 7-7　油泥模型冻结

7.5　铣削模型

油泥模型完成后，可以很好地观察整车的造型效果。但是油泥模型不能移动，为了更好地展示和推广，汽车企业一般会制作 1:1 的铣削模型。

7.5.1　铣削模型介绍

在油泥模型冻结以后，会有一版 A 面数据，将数据输入数控加工中心，就可以加工出汽车铣削模型。A 面数据其实是一个三维模型，通过设计软件完成，目前汽车行业最常用的软件就是 CATIA。在一些大型汽车展上，会见到一些概念车的模型，那些模型就是铣削模型。

7.5.2 铣削模型功能

铣削模型（图 7-8）可以更逼真地展示汽车造型效果，且便于运输，因此应用较多。一般主要是展现概念车的外形，有的车灯还能发亮一段时间；少数铣削模型具有内部结构，方便观众打开车门观察汽车内部。

图 7-8　车展上的铣削模型

新能源汽车
设计基础

第 8 章　产品工程设计

产品造型效果基本确定以后，就要开始产品工程设计了。产品工程设计其实就是将产品定义中设定好的产品，结合产品造型效果，将产品由设计概念转化为产品实物的一个设计工程。产品工程设计是产品研发过程中一个至关重要的环节，影响产品的质量、性能、成本等方方面面，因此产品工程设计需要投入较大的人力、物力、财力等资源，以保障正常研发工作的开展。

8.1　产品设计路线

8.1.1　正向设计

产品正向设计是指产品研发团队根据正常的产品研发流程，从确定各项需求及指标开始，按研发流程顺序，完成零部件设计、产品组装、产品测试验证、制造生产等研发环节，每个零件都会有原设计图并进行存档。

汽车产品正向设计需要汽车企业具有较强的研发能力及经验积累。目前世界主流汽车企业均采用正向设计方法研发新产品，能够设计出具有各自特点的产品及实现技术上的创新。我国主流汽车企业的产品正向设计主要开始于 21 世纪初以来的十几年间，尽管时间较短，但发展迅速，在汽车造型设计、结构设计等领域均有质的飞跃。尤其在新能源汽车发展的这近十年间，由于"三电"系统在国内的蓬勃发展，"三电"核心技术得到长足进步，使得汽车企业在产品设计中更有主动权，产品正向设计能力得到快速提高。

专利是体现产品正向设计的最直接的成果。截至 2018 年 11 月 26 日，新能源汽车技术领域的中国专利申请数量为 65156 件。其中，发明申请 42259 件（占比 64.86%），实用新型 22071 件（占比 33.87%），外观设计 826 件。中国的新能源汽车全球专利申请人数量仅排在日本之后，位居第二，如图 8-1 所示；同时也是 5 个新能源汽车专利申请数量最多的国家中（其他 4 国分别为日本、美国、韩国、德国）唯一一个近年来一直保持年度增长的国家，如图 8-2 所示。

图 8-1 新能源汽车全球专利申请人数量

图 8-2 近年新能源汽车全球专利发展情况

在国内汽车企业中，新能源汽车专利申请数量前三甲为比亚迪汽车、北汽新能源及奇瑞汽车，其中比亚迪汽车和北汽新能源达到了 1000 件左右，在新能源汽车技术上具有优势。

8.1.2 逆向设计

产品逆向设计与正向设计不同，顾名思义，逆向设计与正向设计"相反"。产品逆向设计是指从参考的产品实物上采集大量的三维坐标点，即点云（图 8-3），并对这些三维坐标点进行计算机处理，从而在计算机中建模并开发出同类产品的技术。因此，产品逆向设计也叫"逆向工程"，从现有的参考产品出发，开发出新产品。

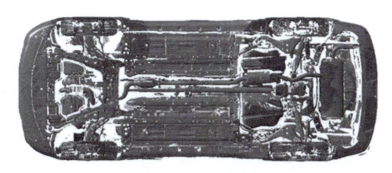

图 8-3 点云（见彩插）

目前，汽车产品逆向设计主要采用三坐标扫描仪，对参考零件甚至整车进行扫描，采集产品三维坐标点；然后将这些点导入计算机软件进行处理，建模及提取关键点坐标等，在此基础上，开发出新零件，并设定产品规格及参数等。因此，逆向设计效率较高，采用技术较为先进，可以充分借鉴现有产品的优势进行创新设计，属于站在"巨人"的肩膀上进行工作。像日本、韩国等汽车工业强国，在汽车工业早期都采用过这种方式，使本国汽车行业快速发展起来。我国汽车行业在 21 世纪的前 10 年，很多汽车企业也采用过逆向设计方法开发新产品，以减小新产品风险，快速完成产品设计及上市销售。

但是往消极的方面说，部分逆向设计其实就是"仿造"或者"山寨"，存在知识产权及社会舆论的风险。早年，国内的各行各业"山寨"产品很多，汽车行业也不例外。有的汽车企业通过逆向设计，出现了以国际知名品牌汽车产品为参考产品的"山寨汽车"，"山寨汽车"的外形及内部与参考车型高度相似，尽管产品销量不错，但是也带来了创新能力受限、国际国内舆论批评等不良影响。有的汽车企业通过逆向设计走捷径，在短期内，产品收益较好，但自身的设计能力没有得到很好的提升，在往后的市场竞争中，技术能力处于弱势。随着市场发展更为规范，国内对打击"山寨产品"日益严厉，汽车企业也开始发展转型，优胜劣汰，不再依赖逆向设计做"山寨产品"，转而进行自主正向研发设计，立足提高自身研发技术能力，形成了良性的发展模式，这点在新能源汽车领域尤为明显。因此，近几年来，新产品中几乎见不到"山寨"产品了，更多体现的是原创设计和新技术创新及应用。

8.2 总布置设计

总布置，也叫 Package 或者 Layout，总布置设计，又称为"总体设计"，在汽车设计中（无论新能源汽车还是传统汽车）具有重要而且特殊的意义，是指导其他各专业部门设计的源头设计。总布置设计涉及整车内外部尺寸、关键零部件的位置及固定方案、整车空间的利用、整车人机要求、零部件装配维修方便性、法律法规、设计标准和规范、整车性能（安全、热管理、NVH 等）等各个方面，几乎涵盖了整车设计的全部领域。

8.2.1 总布置方案设计

总布置方案设计就是把新车型的主要框架搭建起来，其他专业部门在这个框架内进行设计。比如定义新车型的主要整车尺寸、整车基本参数目标、重量目标、人体坐姿参数等。在定义整车这些参数和目标的时候，需要通过前述章节中提到的"竞品分析"来提供支撑，在此基础上得到合理的新产品参数和目标。

1. 定义整车设计坐标系

目前的汽车产品工程设计主要通过计算机辅助设计（CAD）来完成，应用的软件主要是CATIA。各专业部门在进行详细的工程数据设计前，需要定义一个整车设计坐标系。目前较为先进的一种定义方法是，将整车的纵向对称面定义为Y平面，过前轮轮心并垂直于Y平面的铅垂平面为X平面，过人体踵点并垂直于X、Y平面的平面为Z平面。其中，X平面和Y平面的交线就是Z轴；X平面和Z平面的交线就是Y轴；Y平面和Z平面的交线就是X轴，如图8-4所示。从

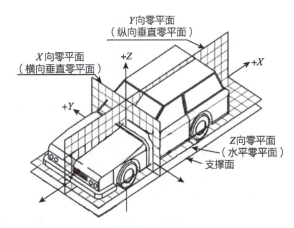

图8-4 整车设计坐标系

侧视图上看，Z轴在Z平面以上为正方向，Z平面以下为负方向；从俯视图上看，Y轴在Y平面右侧为正方向，Y平面左侧为负方向；X轴在X平面之后为正方向，X平面之前为负方向。也即此三维坐标系遵守右手法则。

将人体踵点作为Z平面的起点，将大大简化后期设计调整带来的设计修改量，因为人体踵点的Z向值是一个较为固定的参数，不易变化。早期的整车设计坐标系定义时，会将坐标系原点定义为前轮心。由于前轮心位置在设计中有可能发生变化，这样整个坐标系也就随着变化，引起的修改量就会比较大，因此不建议将整车坐标系原点定义在前轮心位置。

2. 整车主要尺寸参数设计

整车主要尺寸参数是指整车的长、宽、高、轴距，这几个参数决定了新车型的大小、长度、空间等指标，限定了新车型的规格，使新车型归于某一范围。如按轴距来分类，汽车可以分为A00、A0、A、B、C、D级或者微型、小型、紧凑型、中型、中大型、大型等多种级别。

一般来说，在进行新车型开发立项时，会首先根据"竞品车型"定义一个轴距，通过轴距再来定义长、宽、高。参考竞品车型的参数，第一是为了借鉴成熟产品的参数范围，第二是为了提高市场的接受程度，避免出现尺寸比例失调的"怪车"。

具体做法就是选取多款市场中已有的某类车型的长度、轴距参数，比如紧凑型车，制作成轴距为横轴、长度为纵轴的散点图，并做出散点图的趋势线，通过新车型的轴距，来确定新车型的长度范围，如图 8-5 所示。因此，此时新车型的长度参数只是一个范围，需要根据后期更为细致的工程设计进行优化，但可以确定一个目标值，根据这个目标值去开展设计工作，让各个专业部门可以有一个设计依据，并尽可能地去实现这个目标值。

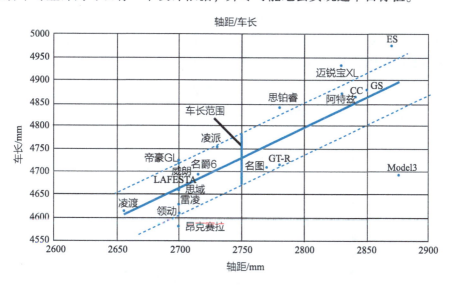

图 8-5　轴距与长度的关系

同样，选取多款竞品车型的高度、轴距参数，制作成轴距为横轴、高度为纵轴的散点图，通过新车型的轴距，来确定新车型的高度范围，也可以定义一个高度目标值。

由于车高、车宽有比例的要求，因此需要选取多款竞品车型的高度、宽度参数，制作成高度为横轴、宽度为纵轴的散点图，通过新车型的高度目标值，来确定新车型的宽度范围。有时候，由于法规及技术原因，可以直接设定一个新车型车身宽度值，该宽度值落在此宽度范围内即可。

初步确定好新车型的长、宽、高、轴距这些主要尺寸参数后，可以将这几个参数与其他竞品车型的参数放在一张表里，形成一个整车主要尺寸参数定义报告，作为交付物。

3. 整车总布置方案设计

有了整车坐标系和整车主要尺寸参数，可以进行下一步更为详细的总布置方案设计，主要有整车姿态、整车基本参数、整车重量及轴荷分布、具体零部件布置方案设计等内容。这些内容完成后，同样需要形成一个整车总布置方案报告，作为交付物。

（1）定义整车姿态

在实际情况中，路面不是完全水平的，车辆由于地面颠簸、乘员数量的不同，悬架会上下运动，引起车身的上下摆动。在汽车设计时，由于车身及其他设计成果一般为静态，为了模拟实际情况，根据相对运动原理，将车轮的状态定义成几个有代表性的状态，也就是整车姿态。

整车姿态是指新车型在设计时的物理状态，表现形式是前后车轮的切线与水平面会有一个夹角，称为姿态角，这条切线称为地面线。整车姿态一般有3种状态，即整备（也叫空载）、半载及满载，对应的也有3条地面线，即整备地面线、半载地面线及满载地面线如图8-6所示。有的汽车企业不采用半载地面线，直接采用整备地面线和满载地面线这两条地面线来设计。

图8-6 地面线

整备状态其实就是车上没有乘员的状态，半载就是车上加载了乘员的状态，满载就是按照设计乘员数量满座的状态。半载状态加载人数见表8-1。

表8-1 半载状态加载人数

座位数（满载）	乘员数（半载）	加载分配方式（半载）
2和3	2	2人在前排
4和5	3	2人在前排 1人在后排
6和7	4	2人在前排 2人在最后排
8和9	5	2人在前排 3人在最后排 若最后排只有2个座位，则1人坐在倒数第2排座位上

一般会确定一个整车姿态作为整车零部件设计时的状态，称为设计状态。不同的汽车企业采用的设计状态不同，需要根据实际情况或者设计习惯来确定，有的将整备状态定义为设计状态，有的将半载状态定义为设计状态。设计状态定义好后，其他设计方案和具体零部件的设计，就要按设计状态来设计了。

假设设计状态为整备状态，此时需要定义一个姿态角。同样可以通过竞品分析来定义一个合理的姿态角。由于此时轴距已经确定，姿态角定义后，前后轮心的相对位置关系也确定了。一般可以将空载前轮心定义在整车设计坐标系的 Z 轴上，此时前轮心的 X 坐标值为0，而轮心的 Z 坐标值可以定义为0，也可以不是0；而后轮心的 X 坐标值就是轴距值，这样后期设计时会比较方便。

(2) 定义整车基本参数

除了长、宽、高、轴距等主要尺寸外的整车参数，可以统一归为整车基本参数。主要可以分为人体姿态参数（也叫人机硬点参数）、整车外部参数、车内空间参数、轮胎型号等。这些参数定义了整车内外的关键尺寸以及人机界面的相互关系，影响车辆的空间、舒适性、操作方便性、驾驶员视野、整车通过性等基础特性。这些参数确定好一版后，需要通过总布置图（8.2.2详细介绍）的形式展现出来，作为其他部门设计工作的输入条件。具体参数见表8-2，三维总布置图如图8-7所示。

表8-2 整车基本参数（部分）[7]

内部角度/(°)			PW42	制动踏板与左侧结构间距	127.3
A18	方向盘倾角	21.8	内部长度尺寸/mm		
A19-1	座椅导轨角	3	L6	BOF到SWC的水平距离	547.5
A40-1	驾驶员靠背角	25	L7	驾驶员胸前空间	394
A40-2	后排乘员靠背角	25	L11	AHP与方向盘中心水平距离	456.2
A42-1	驾驶员臀角	95.9			
A42-2	后排乘员臀角	83.8	L34	前排有效腿部空间	1064.3
A44-1	驾驶员膝角	126.4	L50	前后排SgRP水平距离	868
A44-2	后排乘员膝角	92.7	L51-2	后排有效腿部空间	916.1
A46-1	驾驶员踝角	87	L53-1	AHP与SgRP-1水平距离	860.2
A46-2	后排乘员踝角	130.4	L53-2	FRP与SgRP-2水平距离	565
A47	加速踏板角	70	外部长度尺寸/mm		
A124-1-U	前上视野角	17	L101	轴距	2778
A124-2-U	后上视野角	10	L103	整车长度	4700
A124-1-L	前下视野角	4.5	L104	前悬长度	865
A124-2-L	后下视野角	0.5	L105	后悬长度	1057
外部角度/(°)			L114	前轮中心与SgRP水平距离	1425
A106-1	接近角（空载）	16	内部宽度尺寸/mm		
A116-1	接近角（满载）	15	W3-1	前排肩部空间	1400
A106-2	离去角（空载）	18	W3-2	后排肩部空间	1420
A116-2	离去角（满载）	16	W5-1	前排臀部空间	1360
A147（空载）	纵向通过角（空载）	13	W5-2	后排臀部空间	1280
A147（满载）	纵向通过角（满载）	10.5	W9	方向盘最大外直径	370
踏板尺寸/mm			W20-1	SgRP-1的Y值	355.5
PL1	加速踏板与制动踏板高度落差	31.7	W20-2	SgRP-2的Y值	340
			W27-1	前排斜向头部空间	65
PW21	加速踏板与制动踏板的最小间距	83.4	W27-2	后排斜向头部空间	55
			W31-1	前排肘部空间	1445
PW11	加速踏板宽度	40	W31-2	后排肘部空间	1460
PW17	加速踏板与右侧结构间距	40	W35-1	前排横向头部空间	60
PW22	制动踏板宽度	100	W35-2	后排横向头部空间	50

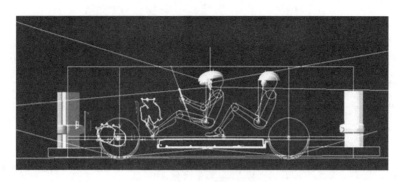

图 8-7　三维总布置框图

(3) 定义整车重量及轴荷分布

整车重量,即整车质量,单位为 kg,影响到车辆的能耗、成本等,所以在一开始就需要定义一个质量目标,后期的设计将围绕质量目标来开展,并尽可能地去实现质量目标。由于车辆根据不同的配置,会有不同的质量,因此在定义质量目标时,会根据配置定义几个目标。比如定义一个低配目标、一个高配目标,或者定义一个低配目标、一个中配目标、一个高配目标。

这里的目标指整备状态下的整车质量,半载和满载质量目标,需要根据车辆定义的乘员人数而定。但无论乘员数量多少,GB/T 5910—1998《轿车　质量分布》规定每个乘员的质量定义为 68kg,每个乘员携带的行李质量为 7kg,也就是说每个乘员对应的质量为 75kg[8]。

定义好整车质量目标后,需要对前后轴的重量轴荷分布进行定义,计算出整车空满载质心位置,该位置主要是指质心的离地高度及距离前轮心在 X 方向上的距离。整车质心位置对于整车性能及底盘系统的设计具有重要意义,需要作为输入条件提供给其他部门。

那么如何定义整车质心位置呢?在整备状态时,可以根据核心竞品车型的质心位置情况,确定一个初始整备质心位置,质心位置包括质心离地高度 h 和质心到前轴的水平距离 a 两个参数。然后通过加载乘员及行李,可计算出半载及满载状态的质心位置。有了质心位置,就可以计算出加载后的前后轴的轴荷。

加载后质心到前轴的水平距离 a 计算公式如下

$$a = \frac{G_0 a_0 + G_p a_p}{G_a}$$

式中　G_0——空载总质量;

a_0——空载总质量的质心到前轴的水平距离;

G_a——加载后总质量,$G_a = G_0 + G_p$;

G_p——乘员及行李总质量;

a_p——乘员及行李总质量的质心到前轴的水平距离。

乘员及行李的计算公式如下

$$G_p = \sum pi$$

$$a_p = \frac{\sum (pi\, X_{pi})}{\sum pi}$$

式中 pi——单个乘员及行李的质量;

X_{pi}——单个乘员质心到前轴的水平距离,并应按人体加载后质心取值,即质心在 R 点前方 100mm 或者 50mm(参考标准 GB/T 5910—1998)。

加载后质心离地高度 h 计算公式如下

$$h = \frac{G_0 h_0 + G_p h_p}{G_a}$$

式中 h_0——空载总质量的质心离地高度;

h_p——乘员及行李总质量的质心离地高度。

对于乘员

$$h_p = \frac{\sum (pih_{pi})}{\sum pi}$$

式中 h_{pi}——单个乘员的质心离地高,并应按人体加载后质心取值,即质心在 R 点上方 100mm(参考 GB/T 16887—2008/XG1—2012《卧铺客车结构安全要求》国家标准第 1 号修改单)[9,10]。

4. 具体零部件布置方案设计

在定义了整车设计坐标系及整车参数后,就可以进行具体的零部件布置方案设计了。零部件布置方案设计就是确定零部件在车辆中的具体位置、与连接件的关系、与周边件的间隙情况、固定方案、工艺可行性、操作方便性、法规符合性等方面的内容,如图 8-8 所示。

由于车辆零部件众多,所以具体零部件的布置方案设计工作量较大,是总布置设计工作中重要内容之一,该工作的质量水平在很大程度上决定了整车的质量水平。

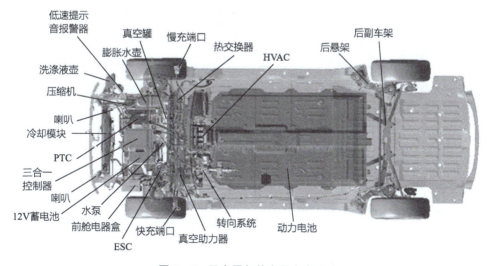

图 8-8 平台零部件布置方案设计

8.2.2 绘制总布置图

1. 总布置图的意义

前面也提到，总布置图是所有整车参数和具体方案的体现形式，是各专业部门设计的输入条件，同时随着设计工作的开展，需要不断对总布置图进行更新和修正，以体现最新的设计状态。因此，总布置图既是各部门设计的输入条件，也是各部门设计工作的成果。

总布置图有两种形式，一种是二维图（图8-9），另一种是三维图。目前二维图一般由三维图转化而来，可以较快地了解整车的基本参数概况，一般用于设计工作快收尾时，作为设计交付物使用，尤其在以前，需要将二维图打印出来签字存档，表示项目的完成。三维图体现在三维整车设计坐标系中，主要由点、线、面构成，涵盖了整车基本参数、人体姿态、人机界面参数、质心位置、关键断面、零部件布置、法规校核、数据校核等内容，比二维图包含的信息更为全面、直观，直接用于其他专业部门的设计输入，是总布置工程师的重要工作输出和工作成果。

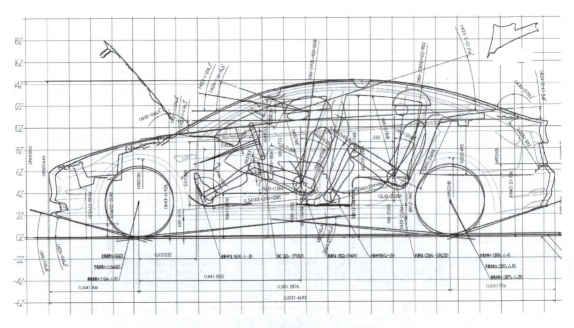

图8-9 二维总布置图（放大图见附录）

2. 总布置图的绘制方法

如前文所述，目前在汽车设计领域，最常用的工程设计软件是CATIA，绘制总布置图使用的软件也是CATIA。CATIA软件可以实现从三维图到二维图的转换，过程较为方便，大大提高了绘制总布置二维图的效率。由于总布置二维图可以通过三维图转换得到，因此，先介绍三维图的绘制方法。

(1) 三维总布置图的绘制方法

首先打开 CATIA 软件，新建"part"文件，进入零部件设计模块，进行草图设计。根据建立的整车设计坐标系，规定车辆的纵向对称面为 Y 平面，车辆长度方向为 X 轴方向，且车头（即车前）方向为 X 轴负方向，车尾方向为 X 轴正方向。车辆宽度方向为 Y 轴方向，从俯视图看，车辆纵向对称面右侧为 Y 轴正方向，纵向对称面左为 Y 轴负方向。车辆高度方向为 Z 轴方向，车辆坐标原点上方为 Z 轴正方向，原点下方为 Z 轴负方向。进行草图设计时，单击状态树的"XY平面"，再单击"草图"，进入车辆的侧视图（有的也称主视图）。在草图设计中可以进行点、线的编辑以及标注，是作图的基础。

在"草图"中，将整车基本参数的尺寸线及人体姿态进行定义及绘制，如图 8-10 所示。完成以后，就将整车的框架搭建好了，可以在此基础上进行零部件系统的方案设计及校核。与此同时，随着工作的进展，三维总布置图的内容将越来越丰富。

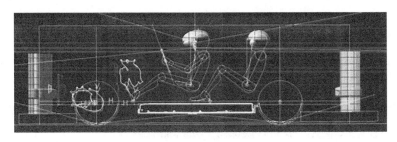

图 8-10　草图设计

(2) 二维总布置图的绘制

建立"工程制图"二维图模板，一般汽车研发部门都有成熟的模板。单击工具栏，新建图样及图样内的视图，在图样外新建详图并在详图中新建"实例化 2D 部件"，准备工作完成，如图 8-11 所示。

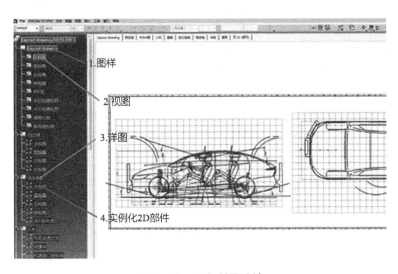

图 8-11　工程制图设计

打开三维图,并回到二维图,单击工具栏"视图投影"按钮,单击"窗口",回到三维图,选中需要投影的零部件,并单击一个想要的投影面,此时软件会自动回到工程图进行投影,可以点罗盘翻转投影的方向,然后单击图样任何处,投影完成。此时,左侧树图样会出现一个"正视图",单击右键"隔离",并选择此投影图,右键"复制",并复制在其中一个详图的"实例化2D部件"中;接着双击图样中一个视图,单击右侧"实例化2D部件"按钮,此时可将投影的坐标定位到刚才双击的图样视图中,并把投影图定位在整车坐标下,完成一个零部件的绘制工作。

8.2.3 整车轻量化管理

在保证整车性能目标的前提下,总布置进行整车轻量化管理,可以有效降低整车重量、整车能耗及产品成本,因此在新产品设计过程中,要时刻关注各系统轻量化目标及整车轻量化目标的完成情况。

1. 整车轻量化目标定义

根据核心竞品车型的整车重量,定义新车型的整车轻量化重量目标。一般会根据新车型的配置,定义一个最低配车型重量目标、一个最高配车型重量目标,有的汽车企业也会定义一个中配车型的重量目标。理想的整车轻量化重量目标应该比核心竞品车型要小,因为只有这样,才有可能在未来车型上市的时候保持一定产品竞争力。

2. 整车轻量化目标分解

整车轻量化目标分解就是指根据整车轻量化重量目标按照各个专业部门分解到每一个零部件系统的每一个零部件(或总成系统)上,指导具体零部件的设计,零部件的重量在设计完成后要尽可能地满足这一分解目标。具体每一个零部件系统的分解目标占总的整车轻量化重量目标的比例,可参考核心竞品车型相对应的比例来定义,具体落实到每个零部件上,可以按照实际情况进行调整,但总的方向就是在满足整车轻量化重量目标基础上进行目标分解。

具体做法就是根据核心竞品车型的重量目标分解比例,在整车轻量化重量目标的基础上计算出每个专业部门零部件系统总的重量数据,并在BOM表中将每个零部件的重量标示出来,作为零部件设计的目标。在新产品研发的G7、G6、G5、G4阶段都是整车轻量化控制的阶段,总布置的轻量化管理从研发初期设定重量目标开始到实车重量验证,都是为了实现整车轻量化目标的最终实现。假设在研发过程中,某些零部件目标实现不了,要及时采取优化措施,尽可能地实现整车轻量化目标。

3. 整车轻量化新技术应用

为了让整车重量更轻,整车轻量化工作在行业内已开展多年,也取得了很多成果。使用轻量化材料是一种最直接的整车轻量化技术应用,目前较多使用的材料有铝合金、工程塑料、碳纤维、锰钢、硼钢等。

铝合金是最常见的轻量化材料，其密度大约为普通钢材的三分之一，表现在汽车上就是铝制车身比同等钢结构车身轻 20%～45%，有的车型采用了全铝车身，可以将整车重量控制在很好的水平，如捷豹 XF 车型系列就采用了全铝车身，如图 8-12 所示。

图 8-12　捷豹 XF 车型系列全铝车身

工程塑料也是常见的轻量化材料，汽车工业应用工程塑料包括尼龙、聚酯、聚甲醛、聚碳酸酯、聚苯醚等。汽车的工程塑料用量是衡量汽车设计和制造水平高低的一个重要标志，近年来随着我国汽车产业的迅速发展，工程塑料的使用也十分普遍。五大工程塑料性能特性各不相同，在汽车上的用途也各有侧重。

尼龙，即 PA，主要用于汽车传统发动机及发动机附件，主要品种是 GFPA6、GFPA66、增强阻燃 PA6 等产品。第一，在汽车传统发动机部件上的应用，如发动机气缸盖罩、发动机装饰罩等部件一般都用增强尼龙作为材料，与金属材质相比，发动机气缸盖罩质量减轻 50%，成本降低 30%。除了发动机部件外，汽车的其他受力部件也可以使用增强尼龙，如机油滤清器、刮水器、散热器格栅等零部件。第二，在汽车发动机附件上的应用，由于发动机附件主要是发热和振动零部件，其所采用的材料大多数是玻纤增强尼龙。这是因为尼龙具有较好的综合性能，用玻纤改性后的尼龙，主要性能如强度、制品精度、尺寸稳定性等均有很大的提高。另外，尼龙的品种多，较易回收循环利用，价格相对便宜等，这些因素促成尼龙成为发动机附件的理想选择材料。进气歧管是改性尼龙在汽车中典型的应用，1990 年德国宝马汽车公司，首先将以玻纤增强尼龙为原料制造的进气歧管应用在 V6 发动机上；后来美国福特与杜邦公司合作，共同用玻纤增强 PA66 制造的进气歧管应用在 V6 发动机上，以后世界各大汽车公司纷纷跟进，改性尼龙进气歧管得到广泛的应用。

聚酯，即 PBT，在汽车领域广泛地用于保险杠、挡泥板、扰流板、火花塞端子板、供油系统零件、仪表盘、汽车点火系统、加速踏板及离合器踏板等部件。PBT 与增强 PA、聚碳酸酯（PC）、聚甲醛（POM）在汽车业中的竞争十分激烈，PA 易吸水，PC 的耐热性不及 PBT。在相对湿度较高、十分潮湿的情况下，由于潮湿易引起塑性降低，电器件某些地方容易引起腐蚀，常可使用改性 PBT。在 80℃、90% 相对湿度下，PBT 仍能正常使用，并且效果很好。

聚甲醛，即 POM，质轻，加工成型简便，生产成本低廉，材料性能与金属相近。改性 POM 的耐磨系数很低，刚性很强，非常适合制造汽车用的输油管、动力阀、万向节轴承、起动机齿轮、曲柄、把手、仪表板、汽车窗升降机装置、电开关、安全带扣等。同时，制造轴套、齿轮、滑块等耐磨零件是改性POM的强项，这些部件对金属磨耗小，减少了润滑油用量，增强了部件的使用寿命。因此可以广泛替代铜、锌等金属生产轴承、齿轮、拉杆等。POM生产的汽车部件质轻，噪声低，成型装配简便，因此在汽车行业获得越来越广泛的应用。

聚碳酸酯，即PC，改性PC由于具有高力学性能和良好的外观，在汽车上主要用于外饰件和内饰件，用途广泛的是PC/ABS合金和PC/PBT合金。PC/ABS合金是用于汽车内饰件的适合材料，这是因为PC/ABS合金具有优异的耐热性、耐冲击性和刚性，良好的加工流动性。PC/ABS是制造汽车仪表板的理想材料，PC/ABS合金的热变形温度为110~135℃，完全可以满足热带国家在炎热的夏天中午将汽车在室外停放的受热要求。PC/ABS合金有良好的涂饰性和对覆盖膜的黏附性，因此用PC/ABS合金制成的仪表板无须进行表面预处理，可以直接喷涂软质面漆或覆涂PVC膜。PC/ABS合金还用来制造汽车仪表板周围的部件、车门把手、托架、转向管柱护套、装饰板、空调系统部件等汽车零部件。PC/PBT合金和PC/PET（PET，即涤纶树脂）合金既具有PC的高耐热性和高冲击性，又具有PBT和PET的耐化学药品性、耐磨性和成型加工性，因此是制造汽车外饰件的理想材料。PC/PBT汽车保险杠可耐-30℃以下的低温冲击，保险杠断裂时为韧性断裂而无碎片产生。弹性体增韧PC/PBT合金和PC/PET合金更适合制作汽车车身护板、汽车侧面护板、挡泥板、汽车门框等。高耐热型PC/PBT合金和PC/PET合金的注塑成型外饰件可以不用涂漆。PC/PET合金还可制作汽车排气口和牌照套。PC/ABS合金也可以制作汽车外饰件，如汽车车轮罩、后视镜外壳、尾灯灯罩等。PC/ABS具有良好的成型性，可加工汽车大型部件，如汽车挡泥板。

聚苯醚，即PPO，改性PPO在汽车上主要用于对耐热性、阻燃性、电性能、冲击性能、尺寸稳定性、机械强度要求较高的零部件。如PPO/PS（PS，即聚苯乙烯）合金适用于潮湿、有负荷和对电绝缘要求高、尺寸稳定性好的场合，适合制造汽车轮罩、前灯玻璃嵌槽、尾灯壳等零部件，也适合制造熔丝盒、断路开关外壳等汽车电气元件。PPO/PA合金由于具有优异的力学性能、尺寸稳定性、耐油性、电绝缘性、抗冲击性，可用于制作汽车外部件，如大型挡板、缓冲垫、后扰流板等。PPO/PBT合金的热变形温度高，对水分敏感度小，是制造汽车外部板的理想材料。

碳纤维（Carbon Fibre）是含碳量在90%以上的高强度纤维，这是一种特别轻而且高度稳定的材料。碳纤维的稳定性与钢材一样，但是重量比钢材轻50%，比铝轻30%，而且在紧急情况下对车内乘员的保护作用很好。因此碳纤维是一种很好的材料，价格也较高，目前多用于汽车外饰件和内饰件，如图8-13所示。

锰钢、硼钢等这类新型合金钢，由于强度

图8-13 碳纤维材质的仪表台出风口

很高,可以通过 CAE 分析的结果,减少板材厚度及优化设计结构,从而实现轻量化和产品性能的保障。优化零部件系统的设计结构来减重不止针对特殊材料,对于普通零部件同样适用。通过 CAE 分析,发现零部件结构可以优化的地方,从而减少用料,降低整车重量及降低零部件成本,这也是汽车设计中常用的技术手段。

8.2.4 数据校核

1. 整车尺寸校核

整车尺寸主要是指整车的长、宽、高、轴距、轮距、前悬、后悬等主要尺寸,需要校核这些尺寸与整车参数是否一致,校核对象主要是外 CAS 数据(外造型面三维数模)、地面线等,如图 8-14 所示。

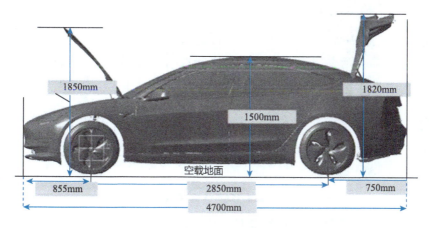

图 8-14 整车尺寸校核

2. 整车通过性校核

整车通过性是指通过各种路面及路面各种障碍的能力,涉及的主要参数有接近角、离去角、纵向通过角、最小离地间隙等,需要校核这些参数与整车参数是否一致,校核对象主要是外 CAS 数据、地面线等,如图 8-15 所示。

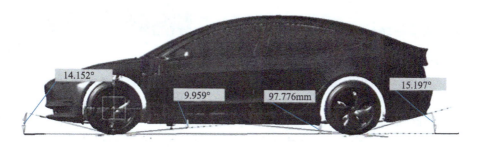

图 8-15 整车通过性校核

3. 人体坐姿校核

人体坐姿是指驾驶员与乘员在车内的乘坐状态，为保证乘坐舒适性，需要进行人体坐姿的校核。首先需要选取驾驶员与乘员的人体模型，也就是人体的大小尺寸，一般参考 SAE J833 标准选取不同百分位的人体模型，如图 8-16 所示。对于驾驶员来说，行业内常用的做法是选取 95% 的男性人体以及 5% 的女性人体进行校核，以最大限度地满足绝大部分人体的驾驶及乘坐舒适性。对于其他乘客来说，除最后一排座位外，均选取 95% 的男性人体模型；最后排根据情况，可以选取 95% 或者 50% 的男性人体模型[11]。

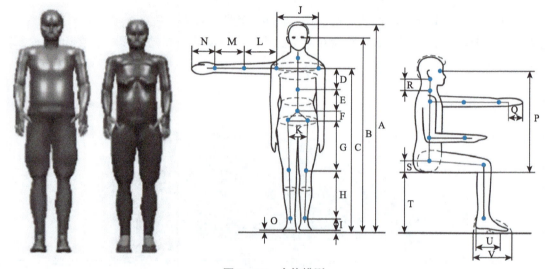

图 8-16 人体模型

人体选取完毕后，需要分别对驾驶员以及乘员的乘坐姿态进行校核，如图 8-17 所示。校核的指标就是人体驾驶及乘坐时的踝角、膝盖角、胯角、座椅靠背角、手腕角、手臂角等，每个角度都要尽可能落在舒适性角度范围内，尤其是驾驶员。每个汽车企业规定的舒适性角度范围略有不同，但大体上类似。

4. 人体头部包络

为了保证车内空间能够满足驾乘人员的使用，引入了头部空间[12]这一指标。为

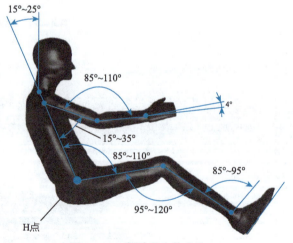

图 8-17 驾驶员人体坐姿

更直观地评价和校核头部空间，用人体头部包络来表示驾乘人员的头部范围，校核依据是以 SAE J1052 的 2002 版本作为论述头部包络的标准。根据 SAE J1052 的 2002 版本标准的说明，影响头部包络的因素有 3 个：座椅的调节行程、采用的人体百分位及座椅的位置。座椅的调

节行程分为3种,即0mm、0~133mm、大于133mm。0mm即座椅固定,不能调节。不同的座椅调节行程对应的人体头部包络尺寸范围不同;人体百分位有两种,即第95百分位和第99百分位,两种人体百分位对应的人体头部包络尺寸范围不同,见表8-3。

表8-3 头部包络椭球体尺寸

(单位:mm)

百分位数值	座椅轨迹行程(TL23)	前后轴长 X	左右轴长 Y	上下轴长 Z
95th	>133	±211.25	±143.75	±133.50
	≤133	±198.76	±143.75	133.50
	0mm(座椅固定)	±173.31	±143.41	147.07
99th	>133	±246.04	±166.79	±151.00
	≤133	±232.40	±166.79	±151.00
	0mm(座椅固定)	±198.00	±165.20	±169.66

前排驾驶员和前排外侧乘员的头部包络,会比其他乘员宽23mm,额外的23mm位于头部包络中心线处向外侧扩展而来,并有一个向前12°的倾角,如图8-18所示。前排外侧乘员头部包络与驾驶员相同,前排中间乘员和其他座位的乘员头部包络不需要向外侧扩展23mm;固定座椅的乘员头部包络没有12°的倾角。头部包络可以用CATIA软件零件设计模块手工绘制或者用UG软件的车辆自动化设计模块自动绘制。

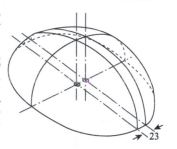

图8-18 驾驶员及前排外侧乘员头部包络

5. 人体眼椭圆

眼椭圆[13]的绘制与使用是一个重要的内容,用于校核驾乘人员的视野情况,校核依据是SAE J941的2002版本标准。根据SAE J941的2002版本标准的说明,影响眼椭圆的因素有2个:座椅的调节行程及采用的人体百分位。人体百分位有2种,即第95百分位和第99百分位,2种人体百分位对应的人体眼椭圆尺寸范围不同,见表8-4。不同调节行程的座椅对应的人体眼椭圆椭球体尺寸范围不同,见表8-5。

图8-4 固定座椅的眼椭圆椭球体尺寸

(单位:mm)

百分位数值	前后轴长 X	左右轴长 Y	上下轴长 Z
95	99.2	104.1	119.6
99	104.4	147.3	164.3

图8-5 可调节座椅的眼椭圆椭球体尺寸

(单位:mm)

座椅轨迹行程(TL1)	百分位数值	前后轴长 X	左右轴长 Y	上下轴长 Z
>133	95	206.4	60.3	93.4
	99	287.1	85.3	132.1

(续)

座椅轨迹行程（TL1）	百分位数值	前后轴长 X	左右轴长 Y	上下轴长 Z
1～133	95	173.8[1]	60.3	93.4
	99	242.1[1]	85.3	132.1

对于行程可调节座椅，眼椭圆在侧视图上有一个向前 12°的倾角。SAE J941 同时规定，对于固定座椅，从侧视图上看，眼椭圆需向后倾斜 8.375°，如图 8-19 所示。眼椭圆可以用 CATIA 软件零件设计模块手工绘制或者用 UG 软件的车辆自动化设计模块自动绘制。

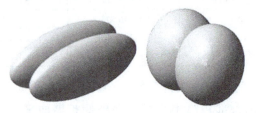

图 8-19　可调节座椅的眼椭圆（左）和固定座椅的眼椭圆（右）

6. 踏板校核

新能源汽车中的踏板是指加速踏板、制动踏板以及歇脚踏板，称为三踏板。每个踏板的踏板面都有一定的布置角度，具体布置角度可以参考以下计算公式：

加速踏板角度 $A47 = 78.96 - 0.015 \times H30 - 0.000173 \times (H30)^2$（SAE J1516 标准）[14]

制动踏板角度 $= -0.072 \times H30 + 72$（经验公式）

歇脚踏板角度 $= -0.1 \times H30 + 82$（经验公式）

其中 H30 单位为 mm。

根据公式可以确定一个踏板角度的参考值，具体布置角度需要根据人体姿态、竞品参数等进行优化来确定。踏板布置角度校核如图 8-20 所示。

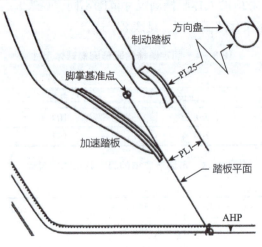

图 8-20　踏板布置角度校核

除了布置角度外，踏板之间的位置关系也需要校核，比如横向（Y 向）间隙、踏板面的高度差（也叫阶差）、踏板面本身距离地板的高度等，如图 8-21 所示。

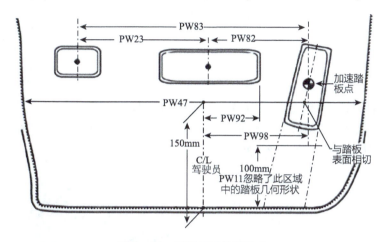

图 8-21 踏板相对位置校核

7. 反光眩目校核

反光眩目是指在外界的光线，通过零部件的反射，影响驾驶员视野的情况，比如白天的日光、夜间路面车辆的灯光等。若反射光线经过 95% 眼椭圆，则存在反光眩目风险。校核要求是反射面不能形成较大面积反射区，出现反射区时，可以通过调整零部件的反光面来改善；如果实在无法避免，一般反射区在 15% 以内可以接受，如图 8-22 所示。

图 8-22 反光眩目校核

8. 虚像校核

虚像是指车内的零部件或者零部件发光以后在前风窗玻璃或者侧窗上成像，影响驾驶员视野的情况，比如白天的仪表台出风口成像、夜间的组合仪表光线成像等。校核要求是如虚像不可避免，前风窗玻璃上形成的虚像不允许在 B 区内；侧风窗上形成的虚像尽量在外后视镜视野区范围外。同时，可以考虑优化零部件结构阻止虚像的形成，如结构上增大仪表帽檐、炮筒造型等。虚像眩目校核如图 8-23 所示。

图 8-23 虚像眩目校核

9. 组合仪表可见性校核

组合仪表可见性是指转向盘的边缘不能遮挡驾驶员的视野，要保证组合仪表的信息能够被驾驶员读取。把组合仪表、转向盘、眼椭圆装配到一起，校核左右眼及双眼的视野盲区是否会遮挡仪表读数，如图 8-24 所示。

图 8-24　组合仪表视野盲区校核

10. 进出方便性校核

进出方便性是指驾驶员和乘员在上下车的时候，要保证进出车厢的条件，不能有困难或者障碍。涉及校核的指标有门框的大小、门槛的离地高度、R 点的位置、座椅的位置及周边空间等，如图 8-25 所示。

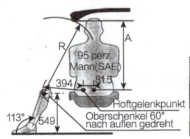 

图 8-25　进出方便性校核

11. 整车零部件系统方案校核

整车零部件系统方案是指各个系统的设计状态和实现方式，比如零部件的位置、固定方式、走向、操作方式等，这些具体方案是否满足设计要求和是否合理需要进行校核。校核时需要根据整车产品定位和设计目标综合考虑整车重量、成本、可靠性、合理性、操作方式、设计美观性等。如图 8-26 所示的是洗涤系统的洗涤液壶布置方案，洗涤液壶布置于车头右前方，通过 3 个固定点固定在前纵梁上，这是一种常见的设计方案。

图 8-26　洗涤液壶布置方案

12. 整车零部件固定点校核

整车各系统的零部件首先都是固定在车身上的，需要对每个零部件系统的固定点进行校核，确保在零部件数据状态的准确。只有零部件数据准确，后期的模具件质量才能符合设计要求，整车的品质才有保障。

固定点校核主要包括接触面是否完全贴合、固定点中心是否同轴、固定点孔位尺寸是否正确、配合的标准件或者非标件是否匹配等，如图 8-27 所示。

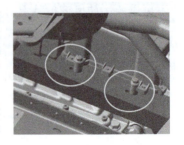

图 8-27　零部件固定点校核

13. 整车零部件间隙校核

整车不同系统的零部件之间有的需要保持一定的间隙，以防止车辆在运行过程中发生碰撞或者防止 NVH、热量的传递等，因此需要进行零部件之间的间隙校核，如图 8-28 所示。

每个汽车企业对间隙校核的标准要求略有不同，但总体上差别不大。比如考虑到零部件振动、加工及装配精度，一般两个静止零部件之间的间隙要求≥10mm（固定点处允许≥5mm）；一个零部件静止，一个零部件有晃动情况的间隙要求≥15mm（如线束、软管等）；两个零部件

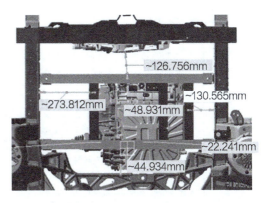

图 8-28 零部件间隙校核

都在运动的，动态间隙要求≥10mm；对于动力总成来说，根据悬置的情况略有不同，一般要求动力总成距离周边零部件间隙要求≥25mm，对于正前方冷却模块间隙要求≥35mm，对于后方前围板（传统发动机排气在后的话）间隙要求≥80mm 等。

14. 整车零部件可操作性校核

根据整车各系统零部件方案，需要校核零部件的可操作性。可操作性包括生产及维修装配拆卸的方便性与合理性、操作工具的使用空间要求、良好的可观察性等。进行校核时，除了需要对数据进行研究，有的校核内容还需要与工艺部门进行对接，以确保零部件方案的可行，如图 8-29 所示。

图 8-29 整车油液加注

15. 前后悬架动态间隙校核

汽车前后悬架的大部分零件在汽车行驶的时候，相对于车身及固定在车身上的零件是不停地运动的，需要校核悬架在动态情况下与车身及固定在车身上的零件的动态间隙是否满足设计要求。校核对象主要是底盘系统及下部车身各系统数据。校核的标准，也就是设计要求，各个汽车企业略有不同，要考虑到零件的加工精度，工厂的生产制造水平等方面，但总体校核标准差距不大。比如两个都运动的零件，两者动态间隙一般要求≥10mm；一个运动件，一个非运动件，两者动态间隙一般要求≥15mm 等。

前后悬架的结构根据每个车型的不同设计，有可能有类似，也可能是完全两种不同的结构形式，常见的主要有麦弗逊式、多连杆式、扭力梁式、两横臂式等。无论哪种结构形式的悬架，在进行动态间隙校核之前，都需要搭建悬架的 DMU 运动模型，通过 DMU 运动模型可以对运动过程进行仿真，从而得到相关零部件的动态间隙。常用的搭建 DMU 运动模型的软件是 CATIA 及 ADAMS，总布置工程师使用 CATIA 较多，底盘工程师和性能工程师使用

ADAMS 较多。通过 CATIA 软件中数字化装配模块的"DMU 运动机构"子模块进行 DMU 运动模型的搭建，如图 8-30 所示。

图 8-30　用 CATIA 软件搭建悬架 DMU 运动模型

前后悬架的 DMU 运动模型搭建完成后，就可以进行悬架的动态间隙校核了。悬架动态间隙校核的原理是根据已经建立的运动模型，进行各运动构件的运动模拟，从而产生各构件的运动包络（图 8-31），进而进行悬架各运动构件的动态间隙校核（图 8-32）。

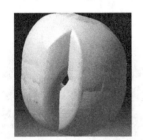 

图 8-31　悬架零部件的包络体

通过前后悬架的 DMU 运动模型生成相关零部件的运动包络体后，根据设计要求或者校核标准，来校核各个零部件之间的动态间隙是否满足要求。

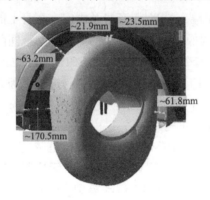 

图 8-32　悬架动态间隙校核

8.2.5 法规校核

1. 前方视野校核

前方视野是指驾驶员前方180°范围内的直接视野，需要校核前方视野的法规符合性，校核依据是 GB 11562—2014《汽车驾驶员前方视野要求及测量方法》标准，校核对象是外 CAS 数据等。

根据 GB 11562—2014 的定义，V 点是表征驾驶员眼睛位置的点，它与通过驾驶员乘坐位置中心线的纵向铅垂平面、R 点及设计座椅靠背角有关，此点用于检查汽车视野是否符合要求，通常用 V1、V2 两点表示 V 点的不同位置；透明区是指汽车风窗玻璃或其他透明表面的透光率（当光线与表面成直角测量时）不小于70%的区域。A 柱是指位于 V 点前68mm处横向铅垂平面以前的任何车顶支撑（不透明的零件），如门框、风窗玻璃镶条、支撑附件等[15]。透明区与 A 柱障碍角校核如图 8-33 所示。

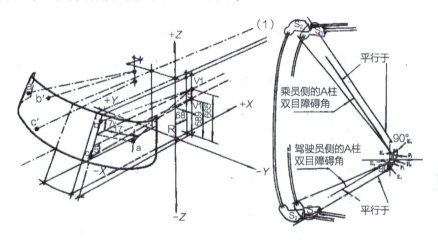

图 8-33 透明区与 A 柱障碍角校核

主要校核内容有：

1）风窗玻璃透明区至少应包括风窗玻璃基准点连线所包围的面积。这些基准点是：V1 点水平向前偏左17°的基准点 a；V1 点向前沿铅垂面偏上7°的基准点 b。V2 点向前沿铅垂面偏下5°的基准点 c；在汽车纵向对称平面另一侧，应增加3个辅助基准点 a′、b′、c′，它们与 a、b、c 三个基准点相对称。

2）每根 A 柱双目障碍角不得超过6°。

3）汽车不得有两根以上的 A 柱。

4）在驾驶员前视野180°范围内，在通过 V1 的水平面下方和通过 V2 的三个平面（三个平面都和水平面向下成4°夹角，其中一个平面垂直于 Y 基准平面，另两个平面垂直于 X 基准平面）上方的范围内，除了 A 柱、三角窗分隔条、车外无线电天线、后视镜和风窗玻璃刮水器等造成的障碍外，不得有其他障碍。

5）通过 V2 垂直于 Y 基准平面且与转向盘上边缘相切的平面，如该平面相对水平面至少后下倾斜 1°时，则转向盘上边缘以下的仪表板所构成的障碍是允许的。

2. 前后端保护装置校核

前后端保护装置也就是平时说的"前后保险杠""防撞梁"等防护系统，需要校核新车型前后保护装置的法规符合性，校核依据是 GB 17354—1998《汽车前、后端保护装置》标准，校核对象是外 CAS 数据以及底盘、车身、电气系统等数据。

根据 GB 17354—1998 的定义，前后端保护装置是装在车辆前、后端的诸元件，其设计要求为在发生接触和轻度碰撞时（即低速碰撞），不会导致车辆的严重损伤。主要包括前后保险杠、前后防撞梁、吸能块等[16]。

主要校核内容有：

1）分别进行两次整车整备和加载两个状态下的纵向碰撞试验（即正面碰撞）和车角碰撞试验，如图 8-34 所示。

2）照明和信号装置应能继续正常工作并清晰可见。如果出厂时安装好的照明装置失调，允许进行调整以符合规定要求，但只限于采用常规的调整方法。如果灯丝折断，应允许更换灯泡。

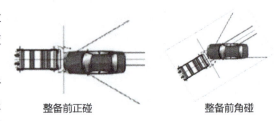

整备前正碰　　　　整备前角碰

图 8-34　正面碰撞和车角碰撞

3）发动机罩、行李舱盖和车门应能正常开闭。车辆的侧门在碰撞的作用下不得自行开启。

4）车辆的燃料和冷却系统应无泄漏，不发生油、水路堵塞，其密封装置与油箱盖、散热器盖亦应能正常工作。

5）车辆的排气系统不应有妨碍其正常工作的损坏或错位。

6）车辆的传动系统、悬架系统（包括轮胎）、转向和制动系统应保持良好的调整状态并能正常工作。

3. 外部凸出物校核

外部凸出物就是汽车外表面及一些外部零件的形状，为尽可能减少潜在的对人员的伤害，需要校核新产品外部凸出物的法规符合性，校核依据是 GB 11566—2009《乘用车外部凸出物》标准，校核对象是外 CAS 数据。

根据 GB 11566—2009 的定义，确定好汽车最外边缘、底线、凸出物尺寸的测量方法、车身板件标定线等[17]。

主要校核内容有：

1）车身外表面不得有朝外的尖锐零件，车身外表面不应可能刮到行人等的朝外零件。

2）车身外表面凸出零件的圆角半径 $R \geqslant 2.5$ mm；若材料硬度不超过邵尔（A）硬度

60HA 时，R 可小于 2.5mm，测量方法如图 8-35 所示。

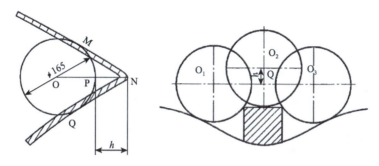

图 8-35　外部凸出物尺寸的测量

3) GB 11566—2009 中对装饰件、前照灯、格栅及间隙、风窗玻璃刮水器、保险杠、车门、行李舱盖和发动机罩等的手柄、铰链和按钮、各种盖子、车轮、车轮螺母、轮毂罩盖和车轮装饰罩、金属板件的边缘、车身板件、两侧空气及雨水导流板、千斤顶支承架和排气管、进排气风门片、顶盖、车窗、号牌支架、行李架及雪橇架、天线等零部件的特殊要求。

4. 内部凸出物校核

为保证车内人员的安全，车内零部件需满足内部凸出物法规的要求，校核依据是 GB 11552—2009《乘用车内部凸出物》标准。

校核内容为在校核区域内，校核相关零部件的曲率半径、溃缩后的凸高度、脱落后的截面面积等。内部凸出物校核区域有[18]：

1) 前排座椅 H 点之前、仪表板上下分界线以上的乘员舱内部构件（侧门除外）（包含头部碰撞区，如图 8-36 所示）。

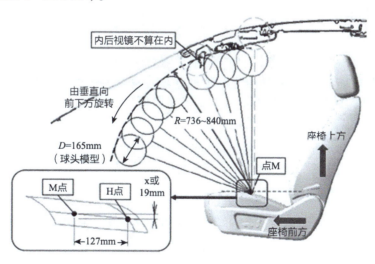

图 8-36　确定头部碰撞区

2）前排座椅 H 点之前、仪表板上下分界线以下的乘员舱内部构件（侧门与脚踏板除外）。

3）通过最后排座椅上的人体模型躯干基准线的横向平面之前的乘员舱其他内部构件。

4）顶盖及天窗。

5）固定在车辆上的座椅后部的零件。

6）其他未提及的内部构件。

5. 内外后视镜校核

内外后视镜属于间接视野装置，内后视镜主要用于观测车辆后方的情况，外后视镜主要用于观测车辆侧面及后方的情况。校核依据为 GB 15084—2013《机动车辆 间接视野装置性能和安装要求》标准。

校核内容主要[19]有：

1）内后视镜（Ⅰ类）的视野应满足驾驶员借助内视镜应能在水平路面上看见一段宽度至少为 20000mm 的视野区域，其中心平面为汽车纵向基准面，并从驾驶员的眼点后 60000mm 处延伸至地平线，如图 8-37 所示。

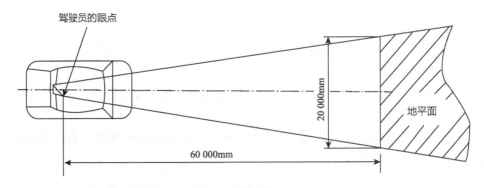

图 8-37　内后视镜视野要求

2）驾驶员及乘员一侧的两个外后视镜（Ⅲ类）视野均应满足驾驶员至少能看到 4000mm 宽、由平行于车辆垂直纵向中间平面并且通过驾驶员一侧车辆最远点的平面所界定，并延伸至驾驶员的眼点后 20000mm 的水平路面部分。同时，驾驶员应能够看到从通过驾驶员两眼点的垂直后方 4000mm 的点开始、宽 1000mm、由平行于车辆垂直纵向中间平面并通过车辆最远点的平面所限定的路面，如图 8-38 所示。

6. 安全带固定点校核

安全带作为重要的被动安全装备之一，具有重要的作用，需要满足一定的设计要求。校核依据是 GB 14167—2013《汽车安全带安装固定点、ISOFIX 固定点系统及上拉带固定点》标准。

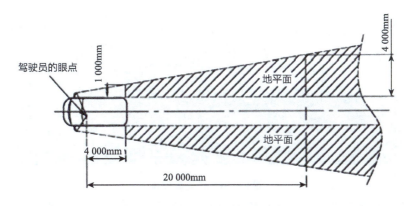

图 8-38 外后视镜视野要求

校核内容[20]主要有：

1) 安全带固定点的数量。

2) 安全带固定点的位置，如图 8-39 所示。

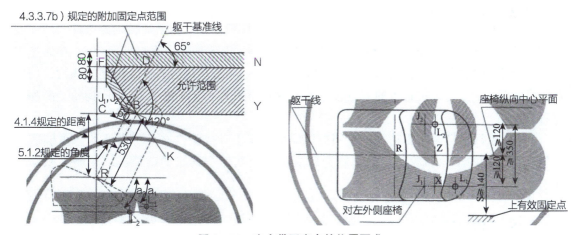

图 8-39 安全带固定点的位置要求

7. 护轮板校核

护轮板也就是平时说的"轮罩"或者"轮包"，需要校核新车型前后护轮板的法规符合性，校核依据是 GB 7063—2011《汽车护轮板》标准，校核对象是外 CAS 数据。

根据 GB 7063—2011 的定义，护轮板位于车轮上方，具有阻挡车轮运转时所产生的溅污及飞石等功能的零部件，如图 8-40 所示。它可以是独立部件，也可以是车身的一部分，主要包括翼子板、挡泥板及保险杠等[21]。

主要校核内容有：

1) 护轮板（车体一部分、挡泥板等）应牢固安装在汽车上。

2) 护轮板应设计成能够保护其他道路使用者尽可能地不受到汽车车轮甩出的石子、泥沙、冰雪及水等的袭击，并少其他道路使用者由于接触运动的车轮而产生的危险。

3) 在水平路面上，当汽车处于整备状态，前排坐两名乘员，车轮在直线行驶位置时，

图 8-40 护轮板位置

护轮板应满足下列两个要求：①在车轮中心向前 30°和向后 50°的两个辐射平面所形成的区域内，护轮板的宽度 q 必须足以遮盖整个轮胎的宽度 b。如属双胎，则轮胎宽度 t 应为两个轮胎的安装总宽度。②护轮板的后缘应位于车轮中心上方 150mm 的水平面以下。而且护轮板的边缘与这个平面的交点应位于轮胎纵向中间平面的外侧。如属双胎，则必须位于外侧轮胎的纵向中间平面的外侧。

4）护轮板的位置应保证其尽可能地接近轮胎。特别是在上一条校核内容条件①所述区域内应满足下列两个要求：①护轮板外边缘的深度 p（位于车轮轴垂直平面内），在通过车轮中心的横向垂直平面内测时应不小于 30mm。在上一条校核内容条件①所述的辐射区域内 P 值可逐渐少至零。②护轮板的下边缘与车轮中心的距离 c 应不超过 $2r'$，r' 为轮胎的静力半径。

5）如果汽车是两轮驱动，汽车制造厂应把汽车设计成至少有一种型式的防滑链适用于该车驱动轮的车轮和轮胎。汽车制造厂应详细说明适合该车的防滑链、轮胎和驱动轮组合。

8. 号牌板校核

号牌板也就是平时说的"车牌"，需要校核新车型前后号牌板（架）及其位置的法规符合性，校核依据是 GB 15741—1995《汽车和挂车号牌板（架）及其位置》标准，校核对象是外 CAS 数据（外造型面三维数模）。

根据 GB 15741—1995 的定义，号牌板是直接安装号牌的面板；号牌架是加装在车辆上用于安装号牌的装置。号牌板可为一长方形平面板（在保证号牌的安装要求情况下可以是曲面）[22]。号牌板外廓尺寸及号牌板（架）的号牌安装孔尺寸按 GA 36—2018《中华人民共和国机动车号牌》标准确定。

主要校核内容有：

1）号牌板（架）上安装号牌后，不得影响车辆设计接近角和离去角。

2）安装于号牌板（架）上的号牌应垂直或近似垂直于车辆纵向对称平面。

3）前号牌的中点不得处于车辆纵向对称平面的左方；前号牌及号牌架不得超出车辆前端右边缘；前号牌板（架）位于车辆前保险杠上。

4) 后号牌的中点不得处于车辆纵向对称平面的右方；后号牌及号牌架不得超出车辆后端左边缘。

5) 安装于前号牌板（架）上的号牌应基本垂直于水平面，前号牌正面允许后仰不大于15°。

6) 安装于后号牌板（架）上的号牌应基本垂直于水平面，当后号牌上边缘离地高度不大于1.20m时，后号牌正面允许上仰不大于30°；当后号牌上边缘离地高度大于1.20m时，后号牌正面允许下俯不大于15°；安装于后号牌板（架）上的号牌下边缘离地高度应不小于0.30m，上边缘离地高度一般应不大于1.20m。若后号牌上边缘离地高度不可能符合上述规定时，离地高度可超过1.20m，但必须按车辆结构特征要求尽量接近该限值，且不得超过2.0m。

7) 安装于号牌板（架）的号牌应在如下空间范围内可视，该空间由以下四个平面组成：通过号牌两侧边并呈向外30°的两个铅垂平面；通过号牌上边缘与水平面呈向上15°的平面；经号牌下边缘的水平面。号牌板校核如图8-41所示。

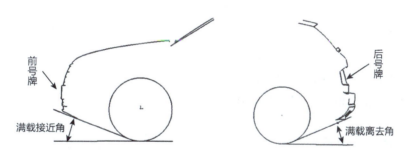

图8-41 号牌板校核

9. 后牌照板照明校核

后牌照板也就是上述的后号牌板，需要校核新车型后号牌板照明装置的法规符合性，校核依据是GB 18408—2015《汽车及挂车后牌照板照明装置配光性能》标准，校核对象是外CAS数据（外造型面三维数模），如图8-42所示。

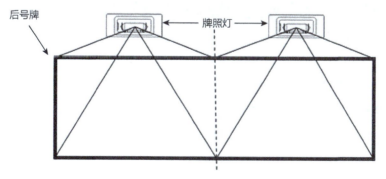

图8-42 后牌照板照明校核

主要校核内容有：

1）照明装置应设计成在相应的可见范围内，从后面能够看到拟照明的整个区域；装置的安装应使照明区域任意位置上的光入射角不大于82°，入射角从照明装置至距离牌照板最远的极端位置测量。若照明装置多于一个，则本条要求仅适用于由相关装置照明的那一部分[23]。

2）汽车号牌板安装孔位置及尺寸须满足 GA 36—2018 和 GB 7258—2017《机动车运行安全技术条件》标准，每面号牌板（架）上应设有 4 个号牌安装孔，并保证能用 M6 规格的螺栓将号牌直接牢固可靠的安装在车辆上。

10. 刮水器刮刷面积校核

刮水器系统布置完成后，需要校核刮水器在风窗玻璃 A、B 区刮刷面积的法规符合性，校核依据是 GB 11555—2009《汽车风窗玻璃除霜和除雾系统的性能和试验方法》标准，校核对象是外 CAS 数据及刮水器数据。

可以在 CATIA 软件环境中，搭建刮水器系统的运动模型，进行仿真分析，校核刮水器的刮刷面积是否满足法规的要求，如图 8-43 所示。

主要校核内容是风窗玻璃刮水器的刮刷面积至少应覆盖 GB 11555—2009 中第 4 章有关规定确定的 A 区域的 98% 及 B 区域的 80%[24]。

11. 座椅舒适性曲线校核

确定人体的 H 点位置是一个重要工作。人体是位于座椅上的，SAE J1517 标准规定了座椅的舒适性曲线，这对于确定人体的 H 点位置具有指导意义。

SAE J1517 标准规定了 A 类车及 B 类车的座椅的舒适性曲线，A 类车主要指乘用车等小型车辆，B 类车主要指商用车等载货车辆，两类车的 H 点高度 H30 及转向盘直径 W9 不一样。A 类车的 H30 小于 405mm，W9 小于 450mm；B 类车的 H30 为 405~530mm，W9 为 450~560mm。

对于 A 类车，SAE J1517 标准规定了 97.5%、95%、90%、50%、10%、5%、2.5% 的 7 种百分位人体座椅舒适性曲线公式，人体男女比例为 1:1。公式如下

$X_{97.5} = 936.6 + 0.613879 Z - 0.00186247 Z^2$

$X_{95} = 913.7 + 0.672316 Z - 0.00195530 Z^2$

$X_{90} = 885.0 + 0.735374 Z - 0.00201650 Z^2$

$X_{50} = 793.7 + 0.903387 Z - 0.00225518 Z^2$

$X_{10} = 715.9 + 0.968793 Z - 0.00228674 Z^2$

$X_{5} = 692.6 + 0.981427 Z - 0.00226230 Z^2$

$X_{2.5} = 687.1 + 0.895336 Z - 0.00210494 Z^2$

式中　X_i——对应百分位人体 H 点以 BOF 点为参考点的 X 坐标（mm）；
　　　Z——H 点与 AHP 参考点的 Z 向高度（mm）[25]。

主要校核内容是选取的百分位人体 H 点应落在对应的百分位人体座椅舒适性曲线上。在实际设计中也允许 H 点不落在对应的座椅舒适性曲线上，但在 X 方向上的差距应尽量不要超过 10mm，如图 8-44 所示。

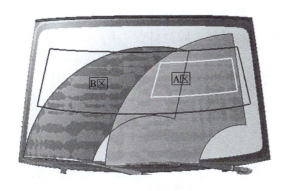

图 8-43　刮水器刮刷面积校核

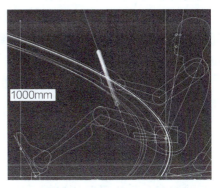

图 8-44　座椅舒适性曲线校核

12. 手伸及界面校核

驾驶员的手伸及界面是指驾驶员以正常姿势坐在座椅中，身系安全带，右脚支承于加速踏板踵点（即 AHP 点）上，一手握住转向盘时另一手所能伸及的最大空间轮廓面。驾驶室内的一切手操作钮件、杆件、开关等位置均应在驾驶员手伸及界面之内，这是总布置人机方案设计的一条重要原则。

关于汽车驾驶员手伸及界面的应用，目前国内应用较多的是 SAE J287—2016《驾驶员手控制区域》标准。多年来的实际经验证明，这项标准对车内操作杆件、控制钮件、开关等的合理布置及校核有重要的指导意义。

根据手指完全握住、三指握住和完全伸展的 3 种情况，对应手所能伸及的空间轮廓面也有 3 个。主要校核内容就是驾驶室内一切手操作钮件、杆件、开关等位置均应在驾驶员手伸及界面之内，如图 8-45 所示。

但是 SAE J287—2016《驾驶员手控制区域》规定的驾驶员手伸及界面是有一定范围的，不包括驾驶员头顶的范围。在实际车辆中和新产品设计方案时，驾驶员头顶也会有需要操作的按钮、开关等，需要单独进行驾驶员头顶手伸及界面的校核。

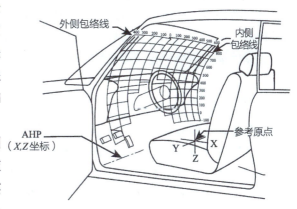

图 8-45　手伸及界面校核[26]

13. 灯具安装位置校核

外 CAS 数据每发布一版，都需要校核灯具安装位置的法规符合性，校核依据是 GB 4785—2007《汽车及挂车外部照明和光信号装置的安装规定》标准，校核对象是外 CAS 数据。

需要校核的灯具主要有近光灯、远光灯、前位灯、前雾灯、昼间行车灯、转向灯、危险警告灯、倒车灯、制动灯、后位灯、高位制动灯、后雾灯、回复反射器等。

主要校核内容是灯的数量、离地高度、发光面可见度、横向距离等，如图 8-46 所示。

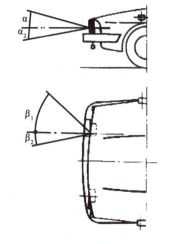

图 8-46 灯具安装位置校核[27]

8.2.6 总布置审核

目前汽车企业的研发部门都采用 PDM 系统进行整车数据管理，由于总布置工作涉及所有零部件系统方案的确定和校核，因此在各重要节点整车各系统的数据冻结时，需要总布置工程师进行数据审核，数据审核通过后，数据管理系统的流程才能完成。同时，由于有的零部件在冻结后会进行设计变更，同样需要总布置工程师进行设计变更方案和数据的确认，设计变更才能实施下去。

1. 方案审核

方案审核是指各专业所有的零部件系统方案，都需要通过总布置工程师审核，才能确认按此方案进行设计。方案的审核，很多时候需要总布置工程师与专业工程师一起进行。总布置工程师根据整车设计目标及具体的设计情况，去综合评估零部件系统方案的可行性和合理性，当某些系统方案不满足要求时，需要总布置工程师给出修改后的设计方案，专业工程师去实施。有的零部件系统方案最初由专业工程师提供，总布置工程师要充分了解专业工程师的设计意图后，再进行方案审核，如果发现需要修改的问题，也需要和专业工程师进行充分沟通，以保证方案最优化和可行性。

2. 数据审核

零部件系统的方案确认好后，需要方案数据来体现。总布置工程师根据专业工程师提供的方案数据进行数据审核，如上文提到的方案校核、固定点校核、间隙校核、可操作性校核等方面的审核。在方案数据满足所有设计要求后，数据才可以冻结。数据冻结一般有 3 个大的节点，一是 TG0 或 V0 版数据，属于系统方案数据，数据准确性不高，主要体现设计的大方向；二是 TG1 或 V1 版数据，属于软模件数据，可以试制软模件及软模实车，用于验证设计方案的可行性；三是 TG2 或 V2 版数据，属于量产软模件数据，可以用于生产量产件和量产车，用于验证整车的性能、可靠性。

3. 设变审核

设计变更发生在数据 TG2 或 V2 版冻结之后，也就是 G5 之后，并且可能是 SOP 之前也可能是 SOP 之后。无论哪种情况，在设变时，专业工程师都需要把设计方案、数据交给总布置工程师审核，并充分沟通设变情况及带来的影响，确保设变能够正常实施。审核通过后，专业工程师才能完成零部件数据和 BOM 的修改。

8.3 整车性能分析

整车性能是产品整体展现或者具有的品质、功能、特点的统称，具体涵盖了经济性及动力性、整车 EMC 性能、操稳平顺性、制动性能、可靠及耐久性、耐蚀性、整车 NVH、整车驾驶性、主动及被动安全、空气动力学、热管理、感知质量、水管理、空调性能、整车环保性能等几大类。这些性能类别中，除了少数具体指标是新源汽车所特有的，其他与传统汽车也是基本一致的。

8.3.1 整车性能目标设定

在新车型开始研发的初期，就要确定整车性能的目标，后期的研发工作要围绕这些目标来进行，进而实现这些目标。性能目标根据评价的方式不一样，可以分为两类，一类是客观评价的性能目标，另一类是主观评价的性能目标。客观评价是指可以通过试验、仪器设备对性能目标进行检验和测量的评价方式；主观评价是指通过经验丰富的专业人士对性能目标进行主观感受判断的评价方式。

客观评价的性能目标主要有整车重量、整车碰撞性能、主动安全配置性能、被动安全配置性能、噪声、动力性、经济性、整车 EMC 性能、制动距离、整车热管理性能、空气动力学性能、可靠及耐久性、耐蚀性、辅助驾驶性能、空调性能、影音娱乐系统性能、环保性能等。

主观评价的性能目标主要有动力总成工作噪声、操作噪声、操稳平顺性、制动性能、感知质量、驾驶性、人机交互性能、装配及维修性等。

8.3.2 经济性及动力性分析

动力性分析主要是分析新产品的运动性能，比如最高车速、30min 最高车速、百公里加速时间、最大爬坡度等。经济性分析主要是分析新产品的能耗情况，比如百公里电耗、续驶里程（NEDC 工况及等速工况）、充电时间等指标。

动力性及经济性分析,是汽车新产品研发前期一个重要的工作内容,是影响整车性能中很关键的环节,目前行业内使用较多的分析软件是奥地利 AVL(李斯特)公司开发的 Cruise。

8.3.3 整车 EMC 性能分析

整车 EMC 分析即电磁兼容分析,是新车型在电磁场干扰和抗干扰能力的综合性能,是产品性能重要的组成部分之一。整车 EMC 测试目的是评估新车型所产生的电磁辐射对人体以及环境中其他正常工作的电器产品的影响,同时评估不被环境中电磁干扰正常工作的性能。

整车 EMC 分析的主要指标有整车电磁辐射干扰、低频电磁场发射、整车电磁辐射抗干扰、整车静电放电、人体电磁防护、充电模式沿 AC 电源线的电瞬态脉冲抗扰、充电模式沿 AC 电源线的谐波发射、充电模式沿 AC 电源线的射频传导发射、充电模式沿 AC 电源线的电压变化、波动和闪烁发射、车辆沿 AC 电源线的浪涌抗扰、充电模式车辆电磁辐射发射(10 米法)、充电模式电磁辐射抗扰等。

8.3.4 整车 NVH 性能分析

整车 NVH 分析是指分析整车的振动、噪声和声振粗糙度。有需要根据法规要求进行测试(即客观评价)的 NVH 指标,也有需要采用主观评价的方式来评估 NVH 性能的指标。汽车 NVH 是指在汽车驾乘过程中,驾乘人员感受到的噪声(Noise)、振动(Vibration)和声振粗糙度(Harshness)。由于以上三者是同时出现且密不可分的,因此常把它们放在一起进行研究[28]。

其中噪声的频率范围为 30Hz～40kHz,主要指驾乘人员听到的车内噪声。振动的频率范围为 1～200Hz,主要是驾乘人员感受到的来自于转向盘、地板和座椅的振动。声振粗糙度是指噪声和振动的品质,是描述人体对振动和噪声的主观感受的指标,不能直接用客观测量方法来度量。由于声振粗糙度描述的是振动和噪声使人不舒适的感觉,因此又称为不平顺性,又因为声振粗糙度经常用来描述冲击激励产生的使人极不舒适的瞬态响应,因此也称为冲击特性[29]。随着用户对轿车整车舒适性要求的不断提高,NVH 成为用户敏感度最高的指标之一[30]。

汽车产生的噪声也已成为现代城市主要的噪声源之一。在汽车噪声中,用户最关注的是车内噪声。车内噪声过大会严重影响汽车的舒适性、语言清晰度、听损失程度、乘坐安全性、乘员在车内对各种信号的识别能力及乘员的心理状态[31]。因此,车内噪声的品质直接影响乘员的乘坐舒适感,好的车内噪声品质是用户选择某一家轿车产品的重要因素之一。同样,车内振动也会影响乘员乘坐的舒适性,也是用户选择产品所需要考虑的重要因素之一。因此,汽车 NVH 性能作为一项重要的衡量整车舒适性的指标,越来越得到国内各大汽车企业的重视。

在设计过程中，可以控制噪声源激励来改善整车的 NVH 性能。比如优化动力总成系统的设计，来降低动力总成的噪声。可以优化整车造型设计，降低空气噪声。提高轮胎的抗噪性能，降低轮胎与地面摩擦产生的噪声等。通过优化和改进相关零部件的设计和性能，来达到降噪的目的，从噪声源头上进行 NVH 性能的控制和改善。

还可以通过隔离传播途径或者改善传播途径的降噪效果来提高整车 NVH 性能。动力总成的安装支架与悬置连接，通过悬置安装到车身上，悬置中有悬置软垫（图 8-47），可以起到缓冲和减振降噪的作用。这两种零部件设计方案通过隔离噪声激励的传播途径，来实现降噪的作用。

图 8-47 悬置软垫

在汽车内部合理地设计与使用吸声材料，可以取得降低车内噪声、提高语言清晰度的整车 NVH 性能提升的效果。汽车内饰材料除具有美观、装饰等功能外，还同时具有吸声材料的功能。汽车内部吸声性能的好坏，完全取决于汽车内饰材料如地毯、顶棚、座椅等吸声性能。为了改善汽车内部的 NVH 性能，需要开展内饰材料声学性能与整车 NVH 性能改进研究[32]。在噪声和振动的传播途径上，增加降低噪声和振动的材料同样可以改善整车 NVH 性能，如图 8-48 所示。

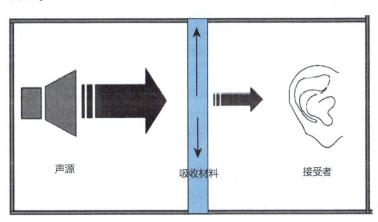

图 8-48 改善 NVH 传播途径

吸音和阻尼材料种类众多，分布于各种噪声源附近，其目的都是为了减振降噪。主要有无纺布、半固化棉毡、玻璃纤维棉、双密度低熔点毡、双组份棉毡、白色 PET 毡、EVA&PU 泡沫等，使用零部件如图 8-49 所示。

NVH 进行客观评价的性能指标主要有蠕行噪声、加速噪声、风噪、路噪；进行主观评价的性能指标主要有异响、电机啸叫声、变速器啸叫声、操作声等。整车 NVH 开发设计流程如图 8-50 所示。

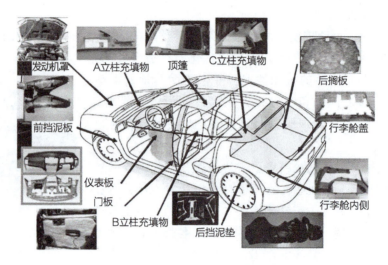

图 8-49　吸音和阻尼材料的使用

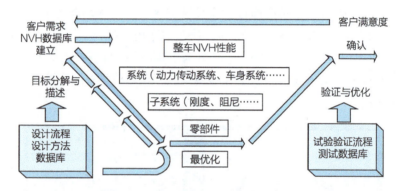

图 8-50　整车 NVH 开发设计流程[33]

8.3.5　整车驾驶性分析

整车驾驶性是指驾驶员的驾车感受,是一项主观评价的性能,影响驾驶的舒适度,是可能引起用户抱怨的一个方面。因此也需要加以优化分析,匹配好整车动力输出和制动性能,提高舒适度。主要的评价指标有起步加速响应性、起步加速平顺性、加速响应性、加速平顺性、减速响应性、减速平顺性等。

8.3.6　结构分析

对于零部件设计过程中的设计方案、固定结构等,需要持续地进行结构分析,以保证设计方案的合理。结构分析主要有整车系统方案分析、车身结构分析、零部件结构分析等方面。

整车系统方案分析是指对于整车碰撞安全来说,各系统方案是否合理。比如在前机舱内的驱动电机、电机控制器、PDU、充电机、DC/DC 变换器、蓄电池、真空泵、真空罐、ABS 或者 ESC 等零部件的具体布置位置及固定方案，会影响整车在碰撞中的安全性能。因此，在设计的过程中，需要将设计方案进行 CAE 仿真分析，以判断各系统方案的合理性，如果发现不合理，要及时进行方案调整，优化方案，如图 8-51 和图 8-52 所示。

图 8-51　整车碰撞 CAE 仿真分析（正碰）　　图 8-52　整车碰撞 CAE 仿真分析（侧碰）

车身结构分析是指车身系统在进行具体方案设计时，也需要进行 CAE 仿真分析，以确认车身结构是否满足强度、模态、刚度等方面的设计要求。同时，车身系统的设计方案本身也是保证整车碰撞安全性能的基础，所有的系统零部件都固定在车身上，只有车身结构本身的性能达到设计目标，整车的性能目标才能实现。车身有限元分析如图 8-53 所示。

图 8-53　车身有限元分析

各系统的零部件是组成整车的基础，因此需要对零部件进行 CAE 仿真分析，如图 8-54 所示。在设计数据阶段就发现设计问题，并对其进行优化和解决，可以降低产品的开发成本，保证产品的质量，减少开发周期，尤其是全新设计的零部件，比如一些关键零部件、固定支架等。

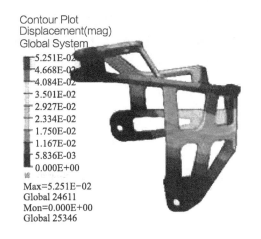 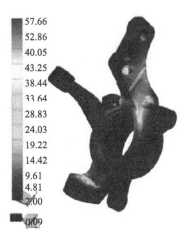

图 8-54　零部件 CAE 仿真分析（见彩插）

8.3.7 主动及被动安全分析

整车安全性能主要包括主动安全和被动安全两个方面。主动安全是指车辆本身避免发生事故的安全性能；被动安全是指发生事故后，尽可能减少人员伤害的安全性能。

1. 整车主动安全性能

整车主动安全性能主要通过各种安全配置或者设备来实现。比如 ABS、ESC 或者 AEB 系统（图 8-55）、倒车雷达系统、360°环景影像系统、防疲劳提醒系统等，这些主动安全系统能够降低车辆事故的发生率，提高车辆的主动安全性能。

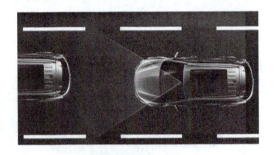

图 8-55 AEB 系统

图 8-56 SRS 中的安全气囊

2. 整车被动安全性能

被动安全性能用来减少事故发生后的人员伤害，包括整车碰撞安全性能、辅助约束系统（Supplemental Restraint System，SRS）等（含安全带、安全气囊系统 AIRBAG、安全带预紧）。SRS 中的安全气囊如图 8-56 所示。

整车碰撞安全性能是典型的被动安全。衡量新车安全性能好不好，不能由厂家自己说了算，要经过试验验证，如图 8-57 所示。其中"汽车碰撞安全性能试验"就是主要项目之一，也是人们最关注的试验项目，因为车祸大部分都是碰撞，这个测试结果基本反映了汽车对乘员和行人的安全程度。

图 8-57 车辆碰撞试验

最有代表性的是中国新车评价规程（China - New Car Assessment Program，C - NCAP）。新车评价规程（NCAP）最早由美国公路交通安全管理局（NHTSA）在 1978 年提出并组织建立，欧洲、日本、澳大利亚及韩国等国也先后建立了自己的 NCAP 体系，即欧洲的 E - NCAP、日本的 J - NCAP、澳大利亚的 A - NCAP 和韩国的 K - NCAP。我国的 C - NCAP 由中国汽车技术研究中心在 2006 年 7 月 25 日正式提出。

C - NCAP 旨在建立高标准、公平和客观的车辆碰撞安全性能评价方法，以促进车辆技术的发展，追求更高的安全理念。C-NCAP的意义在于给消费者提供新上市车辆的安全信息，并推动生产企业增强对安全标准的重视，提高车辆安全性能和技术水平，同时使具有优异的乘员安全保护性能的车辆在评价中予以体现。

中国汽车技术研究中心是C-NCAP的管理机构，专门设立C-NCAP管理中心，负责组织实施，包括确定年度计划和财务预算，选定评价车型（包括企业申请），审定评价结果，处理争议和疑难问题，商定临时事项。

根据2018版最新评价规则，C-NCAP正式评价试验分为3个部分：

1）乘员保护部分，含碰撞试验、低速后碰撞颈部保护试验（"鞭打试验"）。

2）行人保护部分，含行人保护试验。

3）主动安全部分，含车辆自动紧急制动系统（AEB）性能测试、车辆电子稳定性控制系统（ESC）性能测试报告的审核。

(1) 乘员保护试验

正面100%重叠刚性壁障碰撞试验（即正面碰撞），试验车辆100%重叠正面冲击固定刚性壁障。碰撞速度为50^{+1}_{0}km/h（试验速度不得低于50km/h），如图8-58所示。试验车辆到达壁障的路线在横向任一方向偏离理论轨迹均不得超过150mm。在前排驾驶员和乘员位置分别放置一个Hybrid III型50百分位男性假人，用以测量前排人员受伤害情况。在第二排座椅最左侧座位上放置一个Hybrid III型5百分位女性假人，用以测量第二排人员受伤害情况。在第二排最右侧座位上放置一个儿童约束系统和一个Q系列3岁儿童假人，用以考核乘员约束系统性能及对儿童乘员的保护。

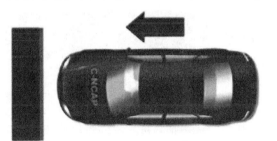 

图8-58 正面100%重叠刚性壁障碰撞试验

正面40%重叠可变形壁障碰撞试验（即偏置碰撞），试验车辆40%重叠正面冲击固定可变形吸能壁障。碰撞速度为64^{+1}_{0}km/h，偏置碰撞车辆与可变形壁障碰撞重叠宽度应在40%车宽±20mm的范围内，如图8-59所示。在前排驾驶员和乘员位置分别放置一个Hybrid III型50百分位男性假人，用以测量前排人员受伤害情况。在第二排座椅最左侧座位上放置一个Hybrid III型5百分位女性假人，用以测量第二排人员受伤害情况。

可变形移动壁障侧面碰撞试验（即侧面碰撞），移动台车前端加装可变形吸能壁障冲击试验车辆驾驶员侧。移动壁障行驶方向与试验车辆垂直，移动壁障中心线对准试验车辆R点向后250mm位置，碰撞速度为50^{+1}_{0}km/h（试验速度不得低于50km/h），如图8-60所示。移动壁障的纵向中垂面与试验车辆上通过碰撞侧前排座椅R点向后250mm处的横断垂面之间的距离应在±25mm内。在驾驶员位置放置一个WorldSID 50th型假人，用以测量驾驶员位置受伤害情况。在第二排座椅被撞击侧放置SID-IIs（D版）假人，用以测量第二排人员受伤害情况。

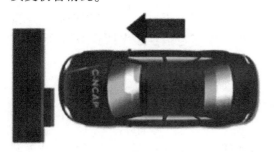

图8-59 正面40％重叠可变形壁障碰撞试验

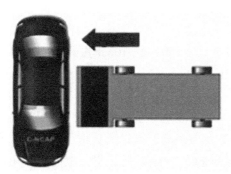

图8-60 可变形移动壁障侧面碰撞试验

低速后碰撞颈部保护试验，即"鞭打试验"，模拟车辆追尾的碰撞情况。将试验车辆驾驶员侧座椅及约束系统仿照原车结构，固定安装在移动滑车上，滑车以速度变化量为（20.0±1.0）km/h的特定加速度波形发射，模拟后碰撞过程。座椅上放置BioRID II型假人，通过测量后碰撞过程中颈部受到的伤害情况，用以评价车辆座椅头枕对乘员颈部的保护效果，如图8-61所示。

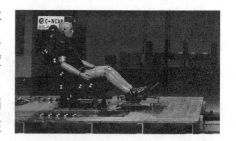

图8-61 鞭打试验

（2）行人保护试验

行人保护试验，用成人头型和儿童头型分别以$40^{+0.72}_{-0.72}$km/h的速度按照规定的角度冲击被试车辆特定部位，进行行人保护头型试验，通过每次获得的HIC_{15}值进行综合评分。再根据被试车辆保险杠下部高度选择TRL上腿型或FLEX腿型冲击器以$40^{+0.72}_{-0.72}$km/h的速度按照规定的方向撞击保险杠，通过每次获得的腿部弯矩以及膝部韧带伸长量等性能指标进行评分。头型试验和腿型试验结果用以评价车辆碰撞行人时，车辆前部对行人的保护效果。

（3）主动安全测试

对车辆电子稳定性控制系统（以下简称"ESC"系统）的性能测试报告进行审核，ESC

系统对于车辆保持良好的行驶稳定性具有很好的作用，对于配置了 ESC 系统的试验车辆，通过审核车辆生产企业提供的具备资质的第三方检测机构出具的关于此车型满足相关要求的性能测试报告，判定车辆上的 ESC 系统是否具备所要求的性能。

车辆自动紧急制动系统（以下简称"AEB"系统）的性能测试，AEB 系统在车辆发生紧急情况时会自动制动以避免或减轻碰撞伤害，对于配置了 AEB 系统的车型，进行 AEB CCR 以及 AEB VRU_Ped 测试。AEB CCR 及 AEB VRU_Ped 试验是用被试车辆以不同速度行驶至前方静止、慢行和制动的模拟车辆目标物以及行人假人目标物，检验被试车辆在没有人为干预的情况下的制动及预警情况，以评价 AEB 系统的性能好坏。

C-NCAP 以乘员保护、行人保护和主动安全三个部分的综合得分率来进行星级评价。乘员保护、行人保护和主动安全三个部分通过试验项目分别计算各部分的得分率，再乘以三个部分分别所占的权重系数，求和后得到综合得分率。根据综合得分率对试验车辆进行星级评价，如图 8-62 所示。除综合得分率外，乘员

图 8-62　C-NCAP 星级评价[34]

保护、行人保护和主动安全三个部分还必须满足最低得分率等要求。满足电气安全要求的纯电动汽车、混合动力电动汽车（EV/HEV）除公布星级结果之外，还会采用电安全标识单独标示。

C-NCAP 管理中心指定 www.c-ncap.org 网站和《世界汽车》（月刊）作为 C-NCAP 信息和结果发布的媒体。www.c-ncap.org 网站主要刊登 C-NCAP 机构介绍、工作流程、动态信息、评价结果等内容，并设有媒体区供其他媒体下载相关评价信息。《世界汽车》以专栏和专刊的形式，刊登 C-NCAP 运行和评价结果的详细报告。

8.3.8　空气动力学分析

空气动力学分析，简称 CFD（Computational Fluid Dynamics）分析。汽车在高速行驶时，汽车的动力大部分会消耗在风的阻力上，因此较好的整车外形，对于减少风阻有极大的帮助。空气动力学分析，就是通过分析现有的汽车造型，发现可以改进的地方，来减小整车的风阻（或者空气阻力）。影响车辆空气动力学性能的因素主要有两个，一个是整车的风阻系数，另一个是迎风面积。

整车的风阻系数与整车造型有关，造型极大地影响了风阻系数的大小。目前行业的设计方向为向尽可能减小风阻系数的方向发展，因为风阻系数越小，空气阻力也越小。迎风面积是指车辆在行驶过程的中，在行驶方向上的投影面积。迎风面积越大，空气阻力也越大。研究表明，车长及车宽越大，风阻越小；车高越高，风阻越大。因此，在车宽一定并且满足设计要求的情况下，可以尽可能地降低车身高度，以减小迎风面积，降低风阻。还有比如采用隐藏式门把手、减小车头进气格栅开口面积等措施，也可以减小风阻。

为了分析整车造型对于风阻的影响,在设计过程中,需要进行CAE仿真分析,也就是空气动力学仿真,如图8-63所示。等到产品实车完成后,可以在风洞中进行风洞试验,以测试实车风阻系数,如图8-64所示。

图8-63 空气动力学仿真

图8-64 风洞试验

8.3.9 热管理分析

由于新能源汽车的主要能源是电能,而电能在使用过程中也会发出热量,因此需要冷却驱动电机、电机控制器、动力电池等零部件,使这些零部件的温度保持在合适的工作温度。整车热管理分析就是要分析现有的热管理方案,能否满足这些零部件的温度要求。

8.3.10 空调系统性能分析

空调系统是为了提高舒适性的一项重要配置,主要是为了调节乘员舱的室内温度。在温度高时,开启制冷功能,降低室内温度;在温度低时,开启制热功能,升高室内温度。新能源汽车的空调系统(图8-65)与传统汽车有区别,在制冷功能上,新能源汽车空调系统的压缩机由高压电直接驱动,而不是由发动机的带轮驱动;在制热功能上,新能源汽车的热源来自PTC电加热器,而不是来自发动机的冷却水。

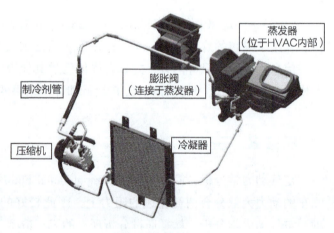

图8-65 空调系统

需要分析的空调系统性能指标主要有降温效果、采暖效果、除霜效果、除雾效果、压缩机工作噪声、PTC工作噪声等。

8.3.11 制动性能分析

制动性能(俗称刹车)作为影响驾驶安全的重要因素,是一项至关重要的性能指标。整车制动性能一般在满足国标的基础上,各汽车企业都有更高的要求。首先是制动距离,比如车速从 50km/h 降至 0km/h 的制动距离，制动距离越小，说明制动效能越好，安全性也越好。除此之外，制动感觉、制动稳定性、ABS 性能、制动噪声、制动抖动等主观评价性能，也体现了制动性能的优劣。

8.3.12 其他性能分析

其他性能的指标，比如可靠及耐久性、耐蚀性、感知质量、水管理、整车环保性能、装配及维修性等，这些性能直接影响了整车的品质、使用方便性等，需要在设计中根据性能目标逐项完成并进行验证，只有将这些性能目标实现，整车的性能才有保证。

8.4 整车 BOM 表及数据管理

BOM 是物料清单（Bill Of Material）的英文简称，物料清单是详细记录一个新产品项目所用到的所有下级零件及相关属性的技术文件，也就是总成件与所有子零件的从属关系、用量及其他属性。BOM 表的作用有：它是计算机识别物料的基础依据；是编制计划的依据；是配套和领料的依据；根据它进行加工过程的跟踪；是采购和外协的依据；根据它进行成本的计算；可以作为报价参考；进行物料追溯；使设计系列化、标准化、通用化。

在产品设计过程中，需要对零部件设计过程进行管理，同时也是为今后使用这些零部件打基础，主要办法就是整车 BOM 表管理和整车数据管理。

8.4.1 整车 BOM 表的编制

BOM 表体现了零部件的详细信息，在汽车设计阶段和生产阶段都具有重要的作用。一个完整的设计阶段的 BOM，主要包括了分组号、装焊层级、零件号、总装状态、零部件分类、零部件中文名称、零部件英文名称、标准件规格、数量、材料、料厚、对称性、开发类型、重量统计、质量特性重要度、互换性、责任工程师等内容。各大汽车企业的 BOM 不尽相同，但是涵盖的内容基本一致，如图 8-66 所示。

分组号：按各汽车企业各自规定的汽车整车及零部件编号规则填写，并且虚拟总成按分组号从小到大的顺序依次填写。标准件不写分组号，标准件是指有规定规格的螺栓、螺母、螺钉、垫片等。

装焊层级：表示零部件的装配级别，用数字 2Y、2、3Y……表示。其中带 Y 字母的表示还可再拆分，不带 Y 字母的表示不可再拆分。例如 2Y 可以拆分为 2 和 3Y，其中 2 是不可再拆分的零件，3Y 是总成件可以再拆分成 3 和 4Y，依此类推。

零件号：完整的汽车整车及零部件编号表达式由组号、分组号、零部件顺序号、零件变

1			项目				LIST			
2	分组号 SUBGR-OUP NO.	装焊层级 Level	零部件及图样编号 PART AND DWG. NO.		总装状态	零部件分类 A.P.S	零部件中文名称 PART NAME(CHINESE)	数量 QUANTITY	Material 材料	Thick 料厚(mm)
3			件号 PART NO.	图号 DWG. NO.				车型状态 VEHICLE MODELS		
5	5305	2Y	5305001001-B11			A	副仪表板装置图			
6	5305	2Y	5305001002-B11			A	副仪表板装置图			
7	5305	3Y	5305010001-B11			A	副仪表板总成			
8	5305	3	5305011001-B11			P	副仪表板橡胶垫A		EPDM	1.5
9	5305	3	5305012001-B11			P	副仪表板橡胶垫B		EPDM	1.5
10	5305	4Y	5305100001-B11			A	副仪表板前安装支架焊接总成			
13	5305	3	Q1840616			S	六角法兰面螺栓			
14	5305	4Y	5305200001-B11			A	副仪表板后安装支架焊接总成			
18	5305	3	Q32006			S	六角法兰面螺母			
19	5305	4Y	5305300001-B11			A	副仪表板本体总成			
36	5305	3	Q2204216			S	十字槽盘头自攻螺钉和平垫			
37	5305	3	Q1840616			S	六角法兰面螺栓			
38	5305	4Y	5305400001-B11			A	中控面板总成			
41	5305	4Y	5305500001-B11			A	换挡盖板总成			
45	5305	4Y	5305600001-B11			A	手刹盖板总成			
48	5305	4Y	5305700001-B11			A	副仪表板后盖板总成			
51	5305	4Y	5305800001-B11			A	副仪表板侧盖板总成-左			
54	5305	4Y	5305900001-B11			A	副仪表板侧盖板总成-右			
57	8203	4Y	8203010001-B11			A	前铜复缸总成			

图 8-66 BOM 表

型号、间隔号、源码（设计顺序号）组成。零件号有的由数据管理软件自动生成，各汽车企业的零件号编号规则有可能不同，但一般同一个零件的零件号是唯一的。

总装状态：对于在总装线上装配的零部件，在此列填写 1，表示只填写到总成采购级别即可。

零部件分类：用于区别总成、零件、标准件。其中 A（Assembly）代表总成，P（Part）代表零件，S（Standard）代表标准件。非标标准件也算标准件。

零部件中文名称：填写零部件中文名称，按照《零部件分类表》填写，表中未提及的需要和整车技术部车型管理员协商后定。

零部件英文名称：参考汽车企业《汽车零部件编号规则中英文对照表》填写。

标准件规格：参考汽车企业《汽车零部件编号规则中英文对照表》填写。填写标准件的规格，需要填写的信息有直径、长度、螺距、等级等。例如：$M8 \times 20 \times 1.25$　8.8 级。

数量：填写零部件在系列车型中每个不同车型状态下的单车用量，用数字 1、2、3……表示，在某车型状态下不装配的零部件对应的数量此栏填写"0"；虚拟装置在对应的车型下填"*"；对于标准件，填写本分组内对应车型的单车用量，不使用的填写"0"；各列的第一行分别填写每个单一车型的名称，例如在某项目中，分别填写标准型、舒适性、精英型、尊贵型。

材料：针对钣金件，内外饰件填写此列；其他成品件、附件等复杂的，无法表达材料的零部件不填写此列。若出现异议，具体到某个零部件是否填写由责任工程师与材料部工程师协商决定。

料厚：针对钣金件，内外饰件填写此列；其他成品件、附件等复杂的，无法表达料厚的零部件不填写此列。若出现异议，具体到某个零部件是否填写由工程师决定。

对称性：对称件填写"与 XXX（填写零件号）对称"。

开发类型：填写沿用件（完全借用本公司的产品）、改制件（在本公司原有产品基础上改制的）、新开发件（本公司新开发产品及借用供应商现有产品）。标准件和一级总成无须填写。

重量统计：填写零部件重量，单位为 kg；精确到小数点后四位。质心坐标（整车下坐标）填写 XYZ 三个方向，单位为 mm。填写原则是填写最底级零部件的重量信息。

注：1）重量填写规定，为了防止出错需要分别填写单件重量和单车重量。

2）重量和质心坐标填写最底层零部件重量，方便重量统计汇总。

如：2Y 层级下含有 2 和 3Y 层级，且 2 和 3Y 的重量信息均有，则只需填写 2 和 3Y 层级的重量信息，2Y 层的重量信息不填写。

质量特性重要度：按汽车企业《汽车零部件质量特性重要度分级方法》填写。

互换性：填写标杆车此零部件是否可以在新设计车型实现互换，可以实现填写"是"，不可实现互换可省略不填。

责任工程师：填写零部件责任工程师的名字。

8.4.2 整车 BOM 表管理

BOM 表是新产品项目中的重要文件，涉及企业的研发、计划、生产、采购、成本、工艺、销售等各部门。因此，BOM 不仅是一种技术文件，还是一种管理文件，是联系与沟通各部门的纽带，企业各个部门都要用到 BOM 表。具体来说，BOM 表是识别零件的基础，可以对产品研发过程进行跟踪，使产品设计标准化，同时是计算成本、采购零件和制造产品的依据。

BOM 表可以主要可以分为设计 BOM（EBOM）、工艺 BOM（PBOM）及制造 BOM（MBOM）三类。设计 BOM 从产品设计的角度说明产品的构成，在以产品开发为主的设计部门中，设计 BOM 不面向具体的制造企业，设计 BOM 从产品功能角度描述产品的构成，例如，汽车产品可以按组划分构成，每组零部件都可以完成一组特定的功能，组下面还可以进一步划分子组，这些子组下是具体的零部件和总成，完成组功能的一部分功能。因此，设计 BOM 一般是按功能结构来说明产品中各零部件之间的关系的。为了说明零部件之间的功能关系，设计 BOM 中常常用逻辑总成把没有装配关系但共同完成一组功能的一组零部件作为一个总成来管理。EBOM 是研发、工艺、制造、采购等其他应用系统所需产品数据的基础。

工艺 BOM 是产品数据经过工艺规划后的产物，汽车产品生产的主要过程包括机加、冲压、焊装和装配四大工艺过程，工艺 BOM 是按产品的装配工艺过程来说明产品的组成和零部件之间的关系的。PBOM 是工艺部门根据工厂的加工水平和制造装配能力，以 EBOM 为基础，以产品实现的过程为依据，根据制订的工序图卡和工位零件清单、作业指导书等工艺文件而编制，是工艺设计的产物，PBOM 明确描述了零件与零件之间的制造关系、装配流程、加工工厂、车间工位及采购信息。

制造 BOM 是面向生产过程中的产品数据描述方式，一般情况下，制造 BOM 的结构关系是与工艺 BOM 一致的，但工艺 BOM 中不反映辅助材料定额等信息，制造 BOM 中还要包含大量与制造过程有关的其他信息，例如零件版本的有效性等。因此有时制造 BOM 也可以与工艺 BOM 不一致，它还要把工艺 BOM 进行进一步的拆分和重组，并且把生产过程中涉及的所有物料与产品结构关联。所有物料要针对成本核算的最小单位（加工中心）来区分，零部件的工艺流程中，在不同的加工中心具有不同的状态。注：MBOM 表现形式按照一车一单，同时 BOM 与工时用作成本核算（生产材料成本＋人工作业成本）以及物料需求拉动。

8.4.3　整车数据管理

汽车这类工业产品的设计成果最初体现在数据上，这里所说的数据是指将计算机作为设计工具的基础上完成的工作，表现形式是数字化的模型以及数字化的文件。而不像计算机普及前，需要工程师手工绘制纸质图样以及完成相关的技术文件。

目前汽车设计普遍采用三维设计软件进行设计，设计完成的成果称为数模，即三维的数字模型，也可以叫三维数据，目前最常用的工程设计软件是 CATIA。在设计软件中，可以根据三维数模直接生成二维图样。三维数模在设计中更为直观，方便设计；而二维图样主要用于生产制造。不管是三维数模，还是二维图样以及 BOM 表等技术文件，我们统称为数据。

对于三维数据来说，在汽车研发流程中，有三个阶段，分别是 V0、V1 及 V2 或者 TG0、TG1 及 TG2。V0 或者 TG0 版数据是整车的方案数据，属于概念性的数据，数据还不是很细化，也存在变更的可能，为具体的工程设计提供基础；V1 或者 TG1 版数据是在 V0 或者 TG0 版数据基础上，完善方案及细化设计，使设计方案能够基本确定下来，并能够通过开软模，制造实物产品，用于产品及方案验证；V2 或者 TG2 版数据是在 V1 或者 TG1 版数据基础上，进一步确定方案及优化设计，并结合验证情况，最终确定的产品设计数据，用于开硬模，进行产品量产。

对于各类技术文件来说，结合不同阶段的设计数据，技术文件也会进行更新，同时技术文件也是支撑三维数据的基础。

由于产品研发过程中及产品量产以后的各类数据众多，为了更好地管理和维护汽车产品数据，汽车行业主流企业普遍引入了产品数据管理系统（Product Data Management，PDM）或者产品生命周期管理系统（Product Lifecycle Management，PLM）对整车数据进行管理。这类整车数据管理系统，由最初基本功能的 PDM 系统，慢慢演变到虚拟产品管理（Virtual Product management，VPM），直至现在兴起的团队中心系统（Team Center，TC）。

早期的 PDM 系统一般只存储已经完成的数据，可以完成一些审核、发布数据等工作；现在的 TC 系统，除了在研发流程各阶段可以存储数据、审核及发布数据，还可以在系统中对数据进行修改，另外还有其他丰富的功能。工程师能够紧密集成并无缝地访问来自多个设计软件，如 CATIA、Pro/Engineer 以及 AutoCAD 这样不同的 CAD 系统产生的设计数据，目前汽车行业 TC 系统使用较多的集成软件是 CATIA。

在 TC 系统中，不同阶段的数据如果需要进入下一阶段，需要各部门进行审核、检查，确认无问题后，才能通过审批，进入下一阶段。一般数据达到 V2 或者 TG2 时，我们称为数据冻结。此时，可以根据此版数据，进行开模等工作，制造实物产品并用于量产。

8.4.4 设计变更管理

由于汽车研发工作量大，体系庞大，涉及部门、专业、知识、人员众多，在数据、BOM 等内容冻结以后，如有信息变更、方案修改等变化，需要走设计变更流程。设计变更流程也在 TC 系统中进行，可以向所有相关人员传达变更细节，并需要通过相关部门的审批，才能完成设计变更。

设计变更的源头主要是三维数据的变更，也可以是 BOM 表的变更，或者两者同时变更。这两者变更以后，与之相关的各部门的技术文件也都可能会产生变化。

设计变更有两个阶段，一个是量产前，一个是量产后。量产前的设计变更，主要是为了优化设计方案或者发现了明显的设计问题，影响面主要在研发部门内部。量产后的设计变更，主要是为了消除产品隐患及降低产品成本等，影响面涉及汽车企业及用户，影响面较大。无论是量产前变更或者是量产后变更，都会引起相关的变化，因此一般来说，都希望设计变更尽可能少。

8.5 动力总成设计

新能源汽车的动力总成主要是由驱动电机（带变速器）、电机控制器、动力电池及电池管理系统、PDU、充电机、DC/DC 变换器等组成；对于混合动力新能源汽车来说，还包括了传统的发动机。需要根据设定的整车基本参数及性能目标，进行具体的动力总成设计工作。

8.5.1 动力总成选型匹配

根据设定的整车基本参数及性能目标，如整车重量、最高车速、续驶里程、百公里电耗、百公里加速时间、最大爬坡度等重要技术参数，来选取现有零部件资源，即选型。目前的汽车设计工作中，并非所有的零部件设计都是从零开始、从无到有，而是利用现有资源、现有资源改制、全新设计开发三种模式共存。

对于动力总成的零部件，在前面章节也提到过，并非每个新车型会单独开发一套新的动力总成，而是同一套动力总成会应用在不同车型上，甚至应用在不同汽车企业的不同车型上。因为开发动力总成耗时耗力，利用现有的动力总成资源能够大幅缩短研发周期、减少产品成本，保证产品品质及性能的可靠，好处显而易见。

根据整车基本参数及性能目标，对关键动力总成零部件进行选型，如动力电池、驱动电机、电机控制器等，通过计算和分析各零部件的技术参数来判断是否满足新车型的技术要求，即匹配。匹配完成后，还需要比对产品的成本、供货周期、产品品质等，最后确定一款或者几款合理的动力总成零部件用于具体设计。

动力总成的位置不同，就会有不同的布置形式，该设计工作主要由总布置来完成。无论新能源汽车还是传统汽车，目前最多的布置形式就是动力总成前置前轮驱动（不包括动力电池），少数为前置后驱、后置后驱及前置全轮驱动。

动力总成最核心的首先是驱动电机（混合动力还有发动机），需要考虑驱动电机与周围零部件的间隙关系、驱动轴的夹角、离地高度等因素。驱动电机位置确定好后，需要确定电机控制器、PDU、充电机、DC/DC变换器等关键的控制器。这些零件一般分布在驱动电机的附近，可以充分利用布置空间，减少连接线路的长度，降低整车成本和重量。

8.5.2 动力电池选型匹配

动力电池一般选用现有的电池包资源或者全新开发，需满足续驶里程及百公里电耗的目标要求。动力电池系统是为新能源汽车提供动力来源的电源，主要有三元锂、磷酸铁锂、锰酸锂、钛酸锂电池、镍氢电池及铅酸电池等几类，其中新能源汽车应用最多的是三元锂、磷酸铁锂电池，铅酸电池在低速车（指最高车速在70km/h以下的四轮车辆）中也有应用。

动力电池总能量是动力电池的重要参数，单位为kW·h（即"度"），直接影响车辆的续驶里程。计算公式为

动力电池总能量（kW·h）= 电压平台（V）× 电池容量（A·h）÷ 1000

目前各汽车企业的动力电池主要由几家电池供应商提供，如宁德时代（CATL）、比亚迪、南都、银隆、万向A123、索尼、松下、LG化学、三星SDI、SKI等。

动力电池能量密度是指动力电池单位质量所能输出的电能，单位是W·h/kg。计算公式为

能量密度（W·h/kg）= 动力电池总能量（kW·h）÷ 电池总质量（kg）× 1000

国家财政部根据动力电池能量密度，对生产企业进行补贴。2019年3月份，国家财政部发布的《新能源汽车推广补贴方案及产品技术要求》指出，对于纯电动乘用车，动力电池系统的能量密度不低于125W·h/kg，才能获得补贴，具体补贴标准如图1-1所示。

以下为2019年新能源乘用车技术要求：

1）纯电动乘用车30min最高车速不低于100km/h。

2）纯电动乘用车工况法续驶里程不低于250km。插电式混合动力乘用车（含增程式）工况法续驶里程不低于50km。

3）纯电动乘用车动力电池系统的质量能量密度不低于125W·h/kg，125（含）~140W·h/kg的车型按0.8倍补贴，140（含）~160W·h/kg的车型按0.9倍补贴，160W·h/kg及以上的车型按1倍补贴。

4）根据纯电动乘用车能耗水平设置调整系数。纯电动乘用车整车能耗比《关于调整完善新能源汽车推广应用财政补贴政策的通知》（财建〔201818号〕规定门槛提高10%

（含）~20%的车型按0.8倍补贴，提高20%（含）~35%的车型按1倍补贴，提高35%（含）以上的车型按1.1倍补贴。

5）工况法纯电续驶里程低于80km的插电式混合动力乘用车B状态燃料消耗量（不含电能转化的燃料消耗量）与现行的常规燃料消耗量国家标准中对应限值相比小于60%，比值介于55%（含）~60%之间的车型按0.5倍补贴，比值小于55%的车型按1倍补贴。工况法纯电续驶里程大于或等于80km的插电式混合动力乘用车，其A状态百公里耗电量应满足纯电动乘用车2019年门槛要求[35]。

8.6 底盘设计

新能源汽车的底盘系统基本与传统汽车的底盘系统一致，都有行驶系统、制动系统、转向系统、传动系统四大系统。略有差异的是，新能源汽车的转向系统均为电动助力转向（EPS），没有传统汽车的机械液压助力转向；另外，新能源汽车的制动系统，具有能量回收功能（即再生制动），这也是一般传统汽车所不具有的。

8.6.1 底盘系统设计构想

设计构想就是指如何去设计某个系统，是一个初步的设计方案轮廓。设计构想作为一个设计交付物，包含了设计目标、系统及零部件结构选择、核心竞品技术参数分析、零部件设计开发策略、零部件设计验证方案、系统性能评估、风险点识别及后续工作等内容。

图8-67 前悬架设计构想图

底盘系统包含了前悬架系统（图8-67）、后悬架系统、制动系统、转向系统、驱动轴系统、车轮系统、加速操纵系统、悬置系统等子系统，均需要制定相应的设计构想。

8.6.2 确定底盘系统设计硬点

在进行底盘零部件具体设计之前，需要根据已有的整车基本参数及设计构想，确定底盘系统的设计硬点参数。同总布置设计硬点一样，底盘设计硬点也是关键零部件的关键点、线、面等信息，一般会用坐标列出一个硬点表格，用于具体设计及后期修改优化。

底盘设计硬点（指设计状态的）主要包括前后轮心、前后减振器上点、前后减振器下点、前后副车架的前固定点和后固定点、前后下摆臂内点、前后下摆臂外点、转向横拉杆外点、转向横拉杆内点、前后横向稳定杆副车架固定点、前后横向稳定杆连杆上点、前后横向稳定杆连杆下点、转向器中间轴下点、转向器中间轴上点、后拖曳臂前固定点等。有了这些硬点信息，就可以确定关键线和面了。

底盘硬点一般也需要通过对核心竞品车型的竞品分析来确定。通过竞品分析，仔细研究核心竞品车型的底盘硬点状态，为底盘硬点的逆向设计或者正向设计提供设计基础。

8.6.3 底盘系统方案设计分析

有了前述的设计构想及底盘设计硬点参数，就可以根据项目进展，进行详细的零部件设计阶段，形成一版直观的设计方案数据（即数字模型或数模）。对于设计方案数据，需要对零部件即系统进行分析、计算，确认是否能满足设计要求。如需进行各系统性能分析、运动学动力学分析、强度分析、模态及刚度分析等 CAE 分析，常用的分析软件是 CATIA、Adams、Hypermesh、Ansys 等，如图 8-68~图 8-70 所示。

图 8-68 用 CATIA 软件模拟的轮胎包络体

图 8-69 用 Adams 软件搭建的前悬架动力学模型

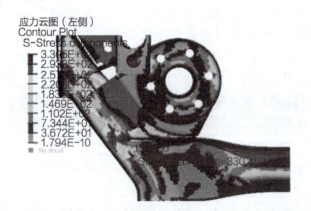

图 8-70 用 Adams 软件分析后扭力梁应力云图（见彩插）

8.6.4 底盘系统调校

因为悬架系统对乘坐舒适性影响很大，底盘系统方案设计完成后，还需要对悬架系统进行调校。这一工作，一般要在 G5 阶段之后，有 TG1 或者 V1 版软模试制样车，进行实车的主观评价，再制定详细的调校方案。主要涉及的有上下运动系统的调校、侧倾系统的调校、柔性系统的调校、四轮定位的调校等，相关需要调校的零部件有轮胎、悬架弹簧、减振器、横向稳定杆及相关的连接衬套、软垫等。

调校的方法主要是调整轮胎、悬架弹簧、横向稳定杆、衬套、软垫的刚度，调整减振器的阻尼以及调整四轮定位参数。在调校中，涉及几个很关键的参数，如偏频、刚度、质量等，这几个参数有一个关联计算公式如下

$$n = \frac{1}{2\pi}\sqrt{\frac{C}{m}} \text{ (Hz)}$$

式中　n——车身的振动频率（亦称偏频）；
　　　C——悬架的刚度；
　　　m——簧载质量（或者簧上质量）。

8.7　车身设计

新能源汽车的车身设计与传统汽车一致，都是其他系统零部件安装固定的基础，同时要具备抗击冲击、溃缩变形吸能、受力传导的性能，车身结构设计的好坏，直接影响整车的安全。

8.7.1　车身系统设计构想

车身系统与车辆的造型直接相关，因此同样需要做设计构想，以实现造型的效果。车身系统的设计构想主要分为两大部分，即白车身和开闭件。白车身和开闭件这两大部分又包含了前端模块、前纵梁、前机舱盖、前围板、轮罩、前翼子板、前地板、中地板、后地板、顶盖、侧围、后围板、前门、后门、行李舱盖、充电口盖等系统。

在做车身设计构想时，要将高强度钢板的

图 8-71　高强度钢板分布图（见彩插）

分布设计好，如图 8-71 所示，不同的颜色代表不同的钢板强度。考虑使用轻量化材料的话，需要将某些采用轻量化材料的零件确认好，如可以使用塑料前端模块、铝质前机盖和行李舱盖等。

同时，在做各系统的设计构想前，需要有一个总体的车身设计方案，即总体设计构想。

总体设计构想主要包括需要满足设计法规、平台化设计原则、碰撞性能、防腐年限等设计目标、车身各系统的结构和功能、车身各系统重量分配目标以及各系统设计开发周期等内容。

对于具体车身各系统的设计构想，需要列出设计构想结构图、零件编号、零件名称、材料、料厚、数量、重量等参数。车身顶盖设计构想如图 8-72 所示。

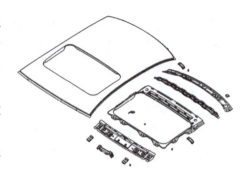

图 8-72　车身顶盖设计构想结构图

8.7.2　车身方案设计分析

有了前述的车身各系统设计构想及整车总布置方案，就可以进行具体车身系统的设计了，设计结果的体现形式还是设计方案数据。对车身设计方案数据同样需要进行碰撞性能分析、强度分析、模态及刚度分析、工艺分析等。常用的车身 CAE 分析软件有 Hypermesh、Ansys 等，如图 8-73 所示。

图 8-73　车身受力 CAE 分析（见彩插）

8.7.3　车身碰撞性能分析

车身碰撞性能属于整车性能的组成部分，整车的碰撞性能与车身结构的性能紧密相关。根据设定的整车性能目标，如满足国标或者满足 C-NCAP 五星要求，车身结构就要按照达到整车性能的目标要求去设计，不同的要求，对应的设计标准和产品成本也不尽相同。车身碰撞 CAE 仿真分析如图 8-74 所示。

图 8-74　车身碰撞 CAE 仿真分析（见彩插）

8.7.4　车身工艺分析

设计完成的车身方案数据，要同时进行车身工艺分析，也就是要确保设计方案可以按照要求生产出实物来，这就是同步工程（Synchronization Engineering, SE）。同步工程分析的内容包括冲压工艺（图 8-75）、焊接工艺、模具设计、尺寸链等。

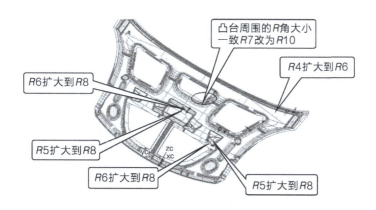

图 8-75 冲压工艺分析

8.8 电气系统设计

新能源汽车在电气系统方面与传统汽车有区别，最大的方面就是新能源汽车具有高压电气系统和低压电气系统两部分，而传统汽车只有低压电气系统。新能源汽车的高压电气系统除了涉及动力总成的部分，还有空调系统中的压缩机、PTC、充电机、DC/DC 变换器、PDU 及高压电缆等。一般将 PTC、充电机、DC/DC 变换器、PDU 及高压电缆等动力总成相关的高压零部件划归到动力总成附件，与低压电气系统相区别。

8.8.1 电气系统设计构想

部分电气系统与汽车新产品的造型直接相关，因此同样需要做设计构想，这里的电气系统主要是低压电气系统。低压电气系统主要包括了前组合灯、后组合灯、高位制动灯、室内灯、前雾灯、整车开关、组合仪表、压缩、防盗系统、空调管路、空调控制面板、HVAC、风窗洗涤器、整车线束、音响主机、扬声器、空气净化器、车身控制器、电喇叭（图 8-76）、蓄电池、点烟器、倒车雷达系统、刮水器电机、ADAS 系统、T-box 系统等。

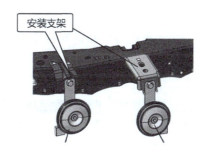

图 8-76 电喇叭设计构想示意图

在做各系统的设计构想前，需要有一个总体的电气系统设计方案，即总体设计构想。总体设计构想主要包括设计原则（如设计标准、性能要求等）、设计输入（如造型输入、配置表等）、总体设计概要（如总线类型、性能参数、控制原理等）等。

对于具体电气各系统的设计构想，需要列出设计构想示意图、零件名称、结构、技术描述等。

8.8.2 电气系统架构设计

汽车电气系统架构就是汽车上所有电气系统的集成，涵盖了所有电气系统的数据及物理接口、数据交换与通信方式以及通信协议，是汽车设计中的重要内容，如图 8-77 所示。在进行各电气系统详细设计之前，需要将新产品的电气架构先确定下来，在这个架构下，进行匹配和设计工作。目前使用最多的是 CAN 总线架构，技术也最为成熟。

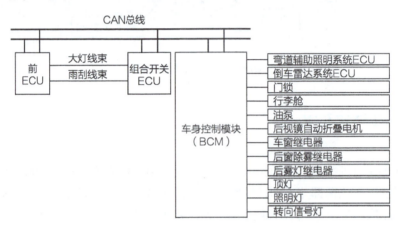

图 8-77 电气系统架构

8.8.3 电气系统选型匹配

与汽车新产品造型没有直接联系的电气系统，可以通过选型来确定零部件的结构、类型等，这样可以大幅缩短零部件的研发周期、降低成本，保证产品品质及性能的可靠，这也是目前汽车企业在新产品设计中采用的成熟做法。

可以采用选型做法的电气系统有压缩机、HVAC、刮水器电机、车身控制器（BCM）、电喇叭、蓄电池、倒车雷达系统、音响主机等。根据整车基本参数及性能目标，对选型的系统及零部件进行计算和分析，来确定是否满足新车型的技术要求，即匹配。匹配完成后，还需要比对产品的成本、供货周期、产品品质等，最后确定一款或者几款合理的备选零部件用于具体设计。

8.8.4 电气系统方案设计分析

有了前述的电气各系统设计构想及整车总布置方案，就可以进行具体的电气系统的设计了，设计结果的体现形式还是设计方案数据。对电气设计方案数据同样需要进行性能分析、强度分析、工艺分析等。整车电气系统如图 8-78 所示。

图 8-78 整车电气系统

8.9 内外饰设计

新能源汽车的内外饰系统也与传统汽车一致,主要起到实用及美观的作用。根据已有的整车内外效果图,进行内外饰系统的设计。

8.9.1 内外饰系统设计构想

为了实现整车内外造型的效果,需要在具体的内外饰零部件设计前进行设计构想,主要分成外饰系统设计构想和内饰设计构想两大部分。外饰系统主要包括前保险杠总成、后保险杠总成、前格栅(即中网)、前风窗玻璃、后风窗玻璃、车窗玻璃总成、外后视镜、前后轮罩挡泥板、顶盖饰条、前三角窗护盖、刮水器通风盖板、行李舱门外装饰条、动力总成下护板、门槛装饰板、标牌总成等;内饰系统主要包括前座椅总成、后座椅总成、仪表台总成、副仪表台总成、前车门护板总成、后车门护板总成、行李舱门护板总成、地毯总成、A柱护板、B柱护板、侧围护板、顶篷总成、内后视镜、遮阳板总成、顶部内拉手总成、后部置物板总成、行李舱盖板等。

在做各系统的设计构想前,需要有一个总体的内外饰设计方案,即总体设计构想,如图8-79所示。总体设计构想主要包括各系统需要满足的功能及法规标准、美观度的技术要求、安全性的要求、合理的成本控制、轻量化措施、零部件材料及料厚、零部件设计结构、零部件的安装顺序等。

对于具体内外饰各系统的设计构想,需要列出设计构想结构图、安装设计、定位设计、零件编号、零件名称、材料、料厚、数量、重量等参数。轮罩挡泥板设计构想如图8-80所示。

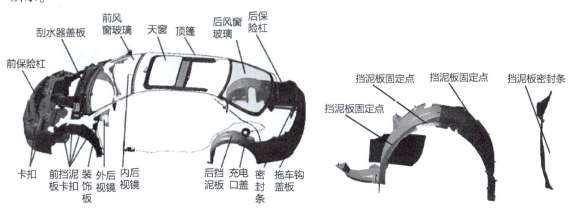

图8-79 内外饰设计构想图　　　　图8-80 轮罩挡泥板设计构想图

8.9.2 内外饰系统方案设计分析

有了前述的内外饰各系统设计构想,就可以进行具体的内外饰系统的设计了,设计结果的体现形式也是设计方案数据。对内外饰系统设计方案数据同样需要进行性能分析、强度分析、模流分析、工艺分析等。由于内外饰系统零部件很多都是塑料件,因此模流分析在内外饰件设计中具有重要的作用。

8.9.3 模流分析

模流分析(Mold Flow),就是利用现在的 CAE 软件(Moldflow、C-Mold、Z-Mold 等),对塑料件的注塑、保压、冷却以及翘曲等工艺过程进行有限元模拟。这些工艺过程的有限元分析基本步骤如下。

前处理:首先通过有限元网格,把连续的零件离散化。用有限个容易分析的单元来描述复杂的对象,单元之间通过有限个节点进行连接。

有限元求解:根据用户设定的边界条件,通过流体力学、热力学以及状态方程等组成的线性方程组进行求解。

后处理:把有限元求解的数值结果通过等值线、云图以及动画等形象的方式显示出来。

提供分析报告:把有限分析结果按照客户需求已报告的方式提供给客户。由于有限元分析不可避免地存在一些误差,需要在分析报告中对分析结果进行评估。

目前主流的模流分析软件是 Moldflow(图 8-81)。Moldflow 软件的计算原理是:

1)模具内熔体的前端不断前移来连接各节点。

2)熔体不断填充相邻的节点,直到零件上所有的节点都被填充。

3)熔体和模具接触时会形成一个凝结层,如图 8-82 所示。

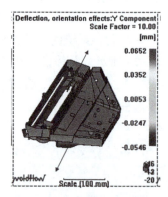

图 8-81 Moldflow 软件模流分析

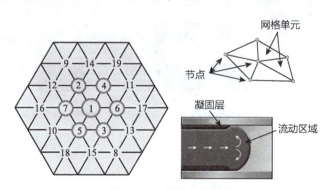

图 8-82 模流分析原理

Moldflow 前处理时将划分有限元网格，该软件只接受三角形单元以及四面体单元。高质量的有限元网格是有限元分析精度的保障。对于注塑件，在 Moldflow 主要有以下三种网格划分方式：中性面、双面流、3D 实体，见表 8-6。

表 8-6 Moldflow 网格划分方式

零件	中性面	双面流	3D 实体
划分方法	抽取零件的中性面，然后在中性面上划分网格（三角形单元）	抽取零件的表面作为模具的形芯形腔面，然后进行网格划分（三角形单元）	直接在 3D 数模上进行有限元网格划分
优点	网格少，分析速度快，计算效率高	无需抽取中性面，后处理更具真实感	计算精度高
缺点	中性面抽取困难、分析精度低	零件上下表面上的网格要求一定的对应关系，网格划分要求高	单元数量大，运算效率低

不好的有限元网格，将影响计算精度，引起错误的计算结果，甚至造成计算无法进行。网格质量检查内容及报告如图 8-83 和图 8-84 所示，检查标准如下：

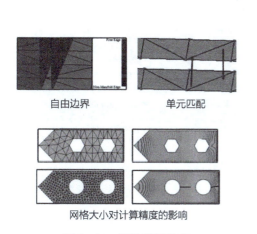

图 8-83 网格质量检查

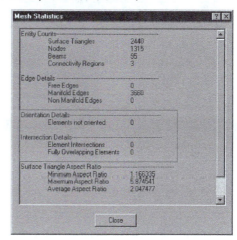

图 8-84 Moldflow 网格质量检查报告

1）不能存在自由边界。
2）双面流分析，上下表面的网格匹配率必须达到 90%。
3）三角形单元的边长比：平均 <3:1，最大 <6:1。

4）网格之间没有交叉和重叠。

5）网格的大小要合理。

8.10　VOC 及 ELV 控制

汽车产品是由数以万计的零件共同组成的机械电子产品,这些零件中包括了金属、非金属、半导体、油液等种类繁多的材料,不同的材料有不同的属性,在车辆的使用过程中,有的材料会对人体或者环境带来危害,需要对其进行管控,目前主要有挥发性有机物(VOC)控制及报废车辆法规(ELV)控制两个方面。整车的环保性能主要体现在禁用物质、汽车可再利用率、可回收利用率、VOC、气味等性能目标,这些目标就是 VOC 及 ELV 控制需要完成的工作。

8.10.1　VOC 控制

1. VOC 的定义

VOC(Volatile Organic Compounds),即挥发性有机物,是指利用 Tenax 等吸附剂采集,采用极性指数小于 10 的色相色谱柱分离,保留时间在正己烷到正十六烷之间的具有挥发性的化合物的总称。不同的机构对 VOC 的定义各不相同,如图 8-85 所示。

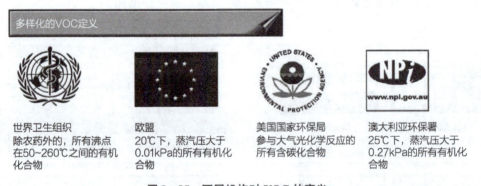

图 8-85　不同机构对 VOC 的定义

2. VOC 的种类

不同化合物的风险等级和毒性不同,具体如图 8-86 所示。醛酮组分是指能够利用固相吸附/高效液相色谱法检测出的甲醛、乙醛、丙酮、丙烯醛、丙醛、丁烯醛、丁酮、丁醛、甲基丙烯醛、丙甲醛、戊醛、甲基苯甲醛、环己酮、己醛等化合物的总称,其组分如图 8-87 所示。

分组	序号	名称	风险等级	毒性
挥发性有机物 VOC	1	苯	T	☠
	2	甲苯	Xn, F	✗☠
	3	乙酸丁酯	F	
	4	乙苯	Xn, F	✗
	5	p- & m-二甲苯	Xn	✗
	6	o-二甲苯	Xn	✗
	7	苯乙烯	Xn	✗
	8	对-二氯苯	Xn	☠
	9	十一(碳)烷	Xn, N	✗
醛酮类有机物 Aldehyde	10	甲醛	Xn	☠
	11	乙醛	T+	☠
	12	丙烯醛	Xn, F+	☠
	13	丙酮	T+, F, N	✗

T:有毒的
T+:非常有毒的
Xn:有害的
F:易燃的
F+:非常易燃的
N:有害的

☠ 有毒,致癌
✗ 有害,刺激性

图 8-86 不同化合物的风险评估

图 8-87 醛酮组分

3. VOC 的来源

车内 VOC 的主要来源如图 8-88 所示。

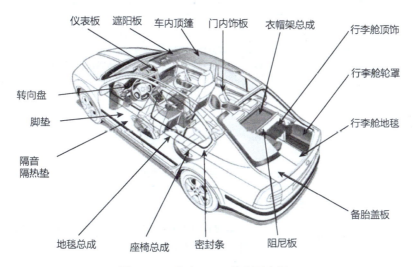

图 8-88 车内 VOC 的主要来源

4. VOC 的危害

汽车空间窄小,密闭性好,因此汽车内有害气体超标比房屋室内有害气体超标对人体的危害程度更大。新车内饰材料中含有的有毒气体主要包括苯、甲乙苯、甲醛、二甲苯等,会使人出现头晕、头痛、恶心、乏力、眼睛流泪等中毒症状,车内装饰豪华的车辆更容易产生污染。VOC 的危害如图 8-89 所示。

- 急性疾病-气喘、皮肤、鼻子和眼睛致痒、喉咙干渴、打喷嚏、呕吐、鼻出血、呼吸困难、失去平衡、头痛及疲倦
- 慢性疾病-心脏病、哮喘、导致肝脏、肾脏、肺、引起机体免疫水平失调、中枢神经系统受损
- 还可能影响消化系统，出现食欲不振、恶心等，严重时可损伤肝脏和造血系统，出现变态反应等
- 更甚至导致致癌及基因突变，例如：苯；1, 3-丁二烯；甲醛等

图 8-89　VOC 可能引起的疾病

5. VOC 法规介绍

国内从 2004 年开始制定车内空气标准，在 2011 年发布了 GB/T 27630—2011《乘用车内空气质量评价指南》，对车内空气管控物质限值做了规定，如图 8-90 所示。具体管控物质限值见表 8-7。

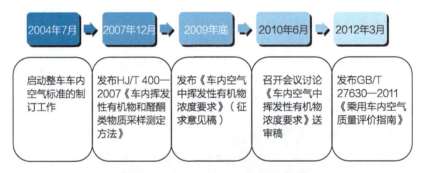

图 8-90　我国 VOC 法规发展进程

表 8-7　车内空气管控物质限值[36]

控制物质	限值/(mg/m³)	危害
苯	0.11	致癌；可经呼吸道、皮肤和食物多种途径进入人体；对人体的损害不可逆转
甲苯	1.10	可疑动物致癌物；对皮肤和黏膜刺激性大，对神经系统作用强
二甲苯	1.50	可疑动物致癌物
乙苯	1.50	可疑人类致癌物；呼吸吸入、食物或饮水摄入，以苯化合物中刺激性最大著称
苯乙烯	0.26	可疑人类致癌物；对眼和上呼吸道黏膜有刺激和麻醉作用

(续)

控制物质	限值/(mg/m³)	危害
甲醛	0.10	确认人类致癌物；具有刺激性和窒息性的气体，对人的眼、鼻等有刺激作用
乙醛	0.05	可疑人类致癌物；对眼、鼻及上呼吸道有刺激作用，高浓度吸入有麻醉作用
丙烯醛	0.05	可疑动物致癌物

6. VOC 测试方法介绍

参照 HJ/T400—2007《车内挥发性有机物和醛酮类物质采样测定方法》，基本采样流程如图 8-91 所示。

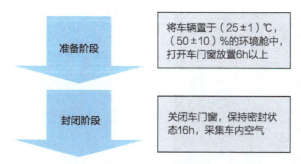

图 8-91 采样流程图

采样环境条件要求为[37]：

1）温度：25℃±1℃。
2）湿度：50%±10%。
3）风速：≤0.3m/s。
4）背景值：甲醛≤0.02mg/m³；甲苯≤0.02mg/m³。

VOC 测试设备有如下几种：

1）整车 VOC 采样环境舱，该采样舱包括温度控制系统、湿度控制系统、新风控制系统、内净化系统、日光模拟系统、环境条件监测系统，为试验提供满足要求的试验环境条件，如图 8-92 所示。

2）恒流采样泵，为 VOC 试验提供稳定的气体流速，类似于排放试验中 CVS 的作用，如图 8-93 所示。保证单位时间内通过采样装置的空气量恒定，保证采样的准确性。恒流采样，在最大耐压范围内自动补偿流量损失，误差值控制在±5%内。有机挥发物流量范围为 100~200ml/min，醛酮组分流量范围为 100~500ml/min。

3）皂膜流量计，适用于任何气体流量的检测与标定，如图 8-94 所示。通过其内部的微处理机与敏感元件相结合来测量和计算皂膜或液面经过玻璃管内一段体积的起止时间，最终计算出流量，并直观地显示出来。

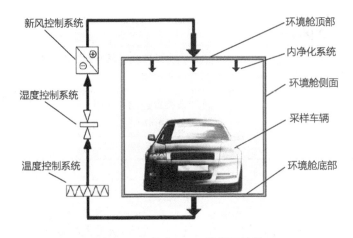

图 8-92 整车 VOC 采样环境舱

图 8-93 恒流采样泵

图 8-94 皂膜流量计

4）tenax 采样管，不锈钢、玻璃、内衬玻璃不锈钢或者熔融硅不锈钢管，通常外径 6mm，内部装 200mg 左右的固体吸附材料，主要吸附有机挥发物，如图 8-95 所示。

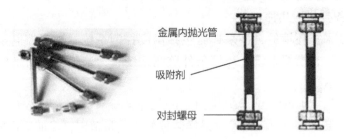

图 8-95 tenax 采样管

5）DNPH（2，4 二硝基苯肼）采样管，车内空气通过 DNPH 采样管（图 8-96），醛酮组分在强酸作为催化剂的条件下与涂渍在硅胶上的 DNPH 反应生成稳定有颜色的腙类衍生物。

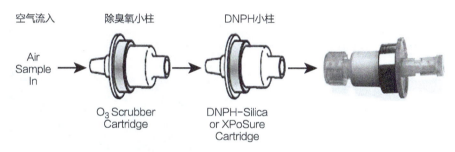

图 8-96 DNPH 采样管

a) 高效液相色谱仪　　　　b) 质谱联用仪

图 8-97 高效液相色谱仪与质谱联用仪

6) 数据分析设备有热脱附、毛细管气相色谱、质谱联用仪（有机挥发物）及高效液相色谱仪（醛酮组分），如图 8-97 所示。

8.10.2 ELV 控制

1. 欧盟 ELV 法规

ELV（End of life vehicle）最初由欧盟提出，即报废车辆法规。2000/53/EC 指令，即禁用物质指令（ELV 指令），在 2000 年 9 月 18 日发布，要求了汽车材料中重金属 Pb、Hg、Cd、Cr^{6+} 和溴化物 PBBs 及 PBDEs 的限值，见表 8-8。

表 8-8 禁用物质限值

禁用物质	Pb	Hg	Cd	Cr^{6+}	PBBs	PBDEs
限值（×10^{-6}）	1000	1000	100	1000	1000	1000

2005/64/EC 指令，即可再利用率和可回收利用率指令（RRR 指令），在 2005 年 10 月 26 日发布，要求了汽车整备质量的再利用率和材料回收率。

第一阶段要求：再利用率 80%，材料回收率 90%。
第二阶段要求：再利用率 85%，材料回收率 95%。
注：再利用率 = M（Ruse + Rcyc）/M；材料回收率 = M（Ruse + Rcyc + Rcov）/M
其中：Ruse 表示可再使用；Rcyc 表示可再利用；Rcov 表示可回收。

2. 我国引入 ELV 法规的背景

汽车产品有害物质对环境及人体健康具有严重危害，汽车产品中的铅、汞、镉、六价铬、多溴联苯及多溴联苯醚在生产、拆解、填埋、焚烧、丢弃中对大气、土壤、水资源造成了严重的环境污染，有害物质直接或者间接危害了人体健康。

报废汽车材料无法回收对资源产生巨大浪费，随着我国汽车保有量的快速增长，由报废汽车所引发的环境、资源、能源和人体健康等问题日益突出（图8-98），加强汽车产品有害物质管控，提高汽车回收利用率具有深远意义。

图8-98 报废汽车

3. 我国 ELV 法规

ELV在我国称为禁用物质及可回收利用率法规，我国将禁用物质及可回收利用率纳入《公告》管理，并采取企业初始审查与汽车产品审核相结合的管理方式。我国目前汽车产品禁用物质及可回收利用率主要依据两个标准 GB/T 30512—2014《汽车禁用物质要求》和 GB/T 19515—2015《道路车辆 可再利用率和可回收利用率 计算方法》；汽车企业应在申请新产品《公告》时，报送《汽车有害物质信息表》并在获得《公告》后的6个月内，通过适当的途径和方式，向回收拆解企业提供《汽车拆解指导手册》。我国 ELV 管理方式如图 8-99 所示。

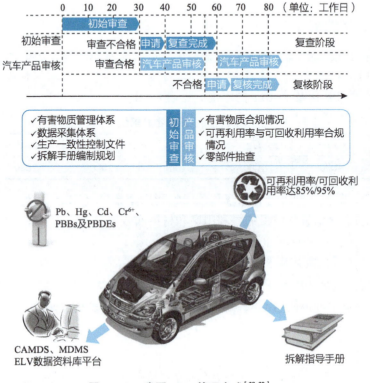

图8-99 我国 ELV 管理方式[38,39]

第9章　产品设计专利申请

在科学技术迅猛发展、知识产权制度不断建立和完备的今天,知识产权不仅是一种重要的法权和无形资产,也是经济主体一种强有力的竞争武器。随着我国加入世贸组织,使我国企业置身于全世界经济大市场。这种全球化市场充满了竞争与多变,因而我国企业必将进入全球范围的竞争,特别是与国外企业的竞争。这种竞争是科学技术的竞争、技术创新能力的竞争,并集中体现为自主知识产权数量和质量的竞争。知识产权在企业乃至国家的经济、科技发展中的战略地位也无疑将增强。

汽车企业的研发机构在设计新产品的同时,需要发掘新产品中的新技术、新设计,并提炼出潜在的专利点,及时进行专利申报,以保护产品设计成果。目前汽车企业普遍与专利代理公司合作,以完成产品设计专利的申请。由汽车企业工程师提供专利内容,专利代理人完成专利申请材料。

9.1　知识产权介绍

知识产权是指人们在科学、技术、文化艺术等领域从事智力活动而创造的财富,是法律确认的产权,其形成过程如图9-1所示。

图9-1　知识产权的形成

9.1.1 知识产权的特性

知识产权具有以下几点特性：

1）法确性，须经依法授权。
2）专有性，未经权利人许可，任何他人都不能享有或使用这种权利。
3）地域性，某一国法律所确认和保护的知识产权，只在该国法律效力可及的范围内有效。
4）时间性，知识产权权利人对其所享有的专有权利有时间限制，超过法律规定的期限，则该项知识产权即进入公知领域，人人可无偿使用。
5）公开性，专利等非商业秘密知识产权技术被公开，不再是秘密。
6）价值性，无形资产，有价值，可买卖，可转让。

9.1.2 保护知识产权的法律法规

我国制定和实施的知识产权法律法规见表 9-1。

表 9-1 我国的知识产权法律法规

	名称	通用时间	发布时间	实施时间
1	商标法	1982.08.23		1983.03.01
2	专利法	1984.03.12		1985.04.01
3	国防专利条例		1990.7.30	1990.07.30
4	著作权法	1990.09.07	1990.09.07	1991.06.01
5	计算机软件保护条例	1991.05.24	1991.06.04	1991.10.01
6	反不正当竞争法	1993.09.02		1993.12.01
7	知识产权海关保护条例		1995.07.06	1995.10.01
8	植物新品种保护条例		1997.04.21	1997.10.01
9	音像制品管理条例		1994.08.25	1994.10.01
10	集成电路布图设计保护条例	2001.03.28	2001.04.02	2001.10.01

国际上的知识产权公约、条约主要有《保护工业产权巴黎公约》《保护文学艺术作品伯尔尼公约》《商标国际注册马德里协定》《关于商标国际注册马德里协定的议定书》《建立世界知识产权组织公约》《保护植物新品种国际公约》《专利合作条约》《与贸易有关的知识产权协议》《世界版权公约》《工业品外观设计国际保存海牙协定》等。

9.2 专利申请基础知识介绍

9.2.1 专利的定义

专利是专利权的简称,它是国家依法在一定时间内授予发明创造者或者其权利继授者对其发明创造成果所享有的独占、使用和处分的权利。它是一种财产权,是运用法律保护手段"跑马圈地"、独占现有市场、抢占潜在市场的有力武器。专利包括发明专利、实用新型、外观设计 3 种,如图 9-2 所示。

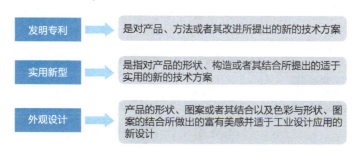

图 9-2 3 种专利

9.2.2 专利保护的对象

发明专利是对产品、方法或者其改进所提出的新的技术方案的保护,由此可知,发明专利的保护对象既包括产品发明也包括方法发明,如图 9-3 所示。产品和方法的发明在满足专利法要求的前提下,也可作为一项申请提出。例如保护产品的发明专利:一种混合动力汽车用变速器。

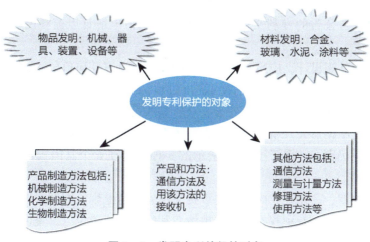

图 9-3 发明专利的保护对象

实用新型专利是对产品的形状、构造或者其结合所提出的适于实用的新的技术方案的保护，由此可知，实用新型专利只保护产品的发明创造，而不保护关于方法的发明创造。申请实用新型保护的产品需满足如图9-4所示几点要求。

图9-4 实用新型的保护对象

外观设计专利是对产品的形状、图案或者其结合以及色彩与形状、图案的结合所做出的富有美感并适于工业应用的新设计的保护，由此可知，申请外观设计专利保护需满足如图9-5所示的几点要求。

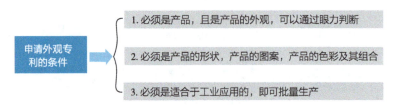

图9-5 外观设计的保护对象

9.2.3 授予专利权的条件

授予专利权的条件是授予专利权的发明、实用新型，应当具备新颖性、创造性和实用性。

新颖性是指该发明或者实用新型不属于现有技术；也没有任何单位或者个人就同样的发明或者实用新型在申请日以前向国务院专利行政部门提出过申请，并记载在申请日以后公布的专利申请文件或者公告的专利文件中。现有技术是指申请日以前在国内外为公众所知的技术。

授予专利权的外观设计，应当不属于现有设计；也没有任何单位或者个人就同样的外观设计在申请日以前向国务院专利行政部门提出过申请并记载在申请日以后公告的专利文件中。现有设计是指申请日以前在国内外为公众所知的设计。

虽然说只要发明创造公开就有可能丧失新颖性，但有几种情况例外，尽管已公开，但在一定条件下新颖性仍存在。属于图9-6所示的3种情况在6个月内提出专利申请，技术成果不丧失新颖性：

有两点需要注意，一是在我国，专利审批采用先申请原则，即两个以上的申请人向专利局提出同样的专利申请，专利权授予最先申请专利的个人或单位。二是由于申请专利的技术需要有新颖性，因此发明人有了技术成果之后，应首先申请专利，再发表论文、申报成果，

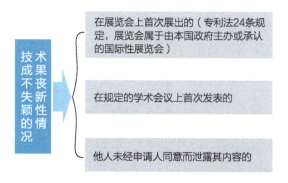

图 9-6 技术成果不丧失新颖性的情况

从产品发布、销售之前开始，此产品所采用技术的专利申请工作应已结束。否则，专利申请中发明创造的新颖性就不复存在了。

创造性是指与现有技术相比，该发明具有突出的实质性特点和显著的进步，该实用新型具有实质性特点和进步。

突出的实质性特点是指发明相对于现有技术，对所属技术领域的技术人员来说，是非显而易见的。如果发明是其所属技术领域的技术人员在现有技术的基础上通过逻辑分析、推理或者有限的试验可以得到的，则该发明是显而易见的，也就不具备突出的实质性特点。

发明有显著的进步是指发明与最接近的现有技术相比能够产生有益的技术效果，比如发明克服了现有技术中存在的缺点和不足，或者为解决某一技术问题提供了一种不同构思的技术方案，或者代表某种新的技术发展趋势。

总的来说，如果一项发明不容易想出，或者说具有非显而易见性，并达到了解决问题的效果，我们就可以说该发明具有创造性。但是，如果仅仅是部件的组合、设计素材或是某部件简单的替换不能算有创造性。

实用性是指一项发明或实用新型之所以被授予专利权，主要在于他们有价值，能为人们所使用，专利法规定："实用性是指该发明或者实用新型能够制造或者使用，并且能够产生积极效果"。实用性不仅指能够使用，而且可以在工业上再现，使用后对社会有益，对违反社会公道，引起消极后果的发明是不能授予专利权的。以下几种情况被认为无实用性：

1）无再现性。
2）违背自然规律。
3）利用独一无二的自然条件的产品。
4）人体或者动物的非治疗目的外科手术方法。

9.2.4 申请专利需准备的文件

按照专利法第二十六条和第二十七条规定，申请发明或实用新型专利的应提交请求书、说明书、权利要求书、说明书摘要和说明书附图，如图 9-7 所示。

图 9-7 申请发明或实用新型专利提交的文件

申请外观设计专利的,应提交请求书、该外观设计的图片或者照片(图9-8)以及对外观设计的简要说明等文件。

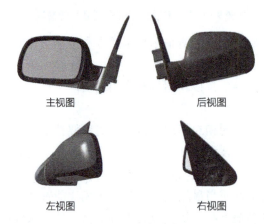

图 9-8 外观设计图

9.2.5 专利申请注册制度

一项发明成果需经过申请,国家知识产权局审查、批准后才可注册获得专利权。专利注册的流程如图 9-9 所示。

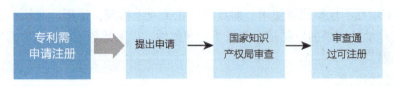

图 9-9 专利申请注册的流程

9.2.6 获得专利的效果

一项技术成果获得专利可达到多种效果。其一,如果应用到新车型上,那么产品将得到保护,任何公司的仿制行为都是侵权行为,可以要求其停止模仿,并提出损害赔偿,借以确保公司的利益。其二,如果此项成果暂时不能应用在公司的产品上或公司的生产能力不够,可许可其他公司实施,公司收取被许可方所支付的使用费。其三,专利是公司的无形资产,体现了公司的技术创新水平。

9.2.7 专利的保护期

专利权人对专利的独占是有时间限制的,3 种类型的专利其保护期是不同的,其中发明专利保护期为自申请日起 20 年,实用新型和外观设计专利保护期为自申请日起 10 年。

9.2.8 专利申请日与申请号

申请日是专利事物中非常重要的日期,它是专利保护期、专利公开、专利审查、现有技术等专利事物中重要的时间界限。专利法第二十八条规定的申请日是指专利局收到专利申请文件之日,如果申请文件是邮寄的,以寄出日为申请日,如图 9-10 所示。

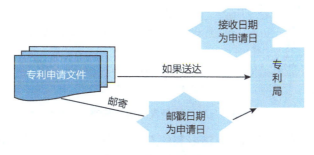

图 9-10 专利申请日

专利申请号主要由 5 个部分构成:专利首位汉语拼音、申请专利年代、申请专利类别、申请专利的序号、计算机检验码,如图 9-11 所示。

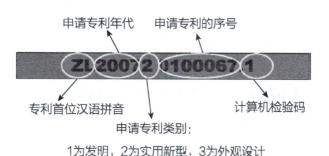

图 9-11 专利申请号的构成

9.2.9 专利发明人、申请人、专利权人

专利法中涉及的人有:发明人、申请人、专利权人,其中发明人又分为职务发明人和非职务发明人。这些人在不同的情况下,所代表的含义不同,下面将分别说明。

发明人就是指制造出新的物质，发明新的制作方法的人。我国专利法实施细则第十一条规定：专利法所称的发明人或者设计人是指对发明创造的实质性特点做出了创造性贡献的人。在完成发明创造的过程中，只负责组织工作的人、为物质条件的利用提供方便的人或者从事其他辅助工作的人，不应当被认为是发明人或者设计人。有的人尽管为一项发明创造付出了辛勤的劳动，但所作所为对发明不起关键性作用，只是协助他人，这样的人是不能算作发明人的。

发明人分为职务发明人和非职务发明人。职务发明是执行本单位的任务或者主要利用本单位的物质条件完成的发明（图9-12），在此之外的发明属非职务发明。

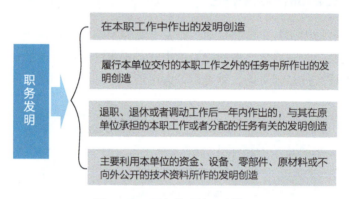

图9-12 职务发明的几种情况

专利申请人就是向国家专利局申请专利的人。申请人可以是单位，也可以是自然人。对于个人，发明人就是专利申请人。如是共同发明，共同发明人都可以是申请人。但对于职务发明，我国专利法规定其申请权归该单位，即单位为申请人。专利法还规定，两个以上单位协作或者一个单位接受其他单位委托的研究、设计任务所完成的发明创造，除另有协议外，申请专利的权利属于完成或共同完成发明创造的单位，也就是完成或共同完成发明创造的单位为专利申请人。

专利权人就是专利权的所有人和持有人。专利权人也可因发明创造的归属或其他途径而与发明人不同。一般非职务发明创造，申请人就是专利权人，对于职务发明专利法规定专利权属单位所有或持有。专利权人所享有的权利如图9-13所示。

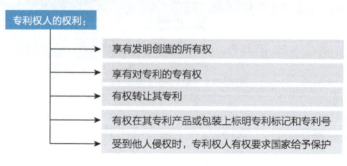

图9-13 专利权人享有的权利

9.2.10 专利权维护费

专利权维护费用见表9-2（仅供参考，以最新行情为准）。

表9-2 专利权维护费

年度/年	发明/元	年度/年	实用新型/元	外观设计/元
1~3	900	1~3	600	600
4~6	1200	4~5	900	900
7~9	2000	6~8	1200	1200
10~12	4000	9~10	2000	2000
13~15	6000			
16~20	8000			

新能源汽车
设计基础

第10章　产品认证

随着我国加入 WTO 及国家对车辆产品法制化管理的加强,"汽车产品认证"作为政府管理产品及市场的手段,越来越强烈地影响着企业的行为。它具有很大的强制性和权威性,在现阶段法制化不断完善的过程中,要求汽车企业在生产销售过程中必须规范自身产品认证的许可行为。

产品设计都是有标准的,汽车设计也是如此,在第 4 章也列举了一些设计标准。产品按照某国的设计标准进行设计,在产品上市前,还需要通过该国的法规认证,以核查是否满足该国的设计标准,这项工作称为法规认证。目前国内的法规认证工作主要有两项,一是零部件强检及 3C 认证,二是整车公告申报。此项工作开始时间在 G5 阶段后,一般在 G1 前全部完成。

10.1　认证介绍

目前我国汽车产品认证体系经过几十年的发展,在借鉴欧洲部分认证体系的基础上,建立了我国的产品认证制度,已逐渐走向规范和成熟,对我国汽车工业的可持续发展起到了积极的促进作用。我国汽车产品认证主要包括:
1) 国家发展和改革委员会主管的公告认证。
2) 国家认证认可监督管理委员会主管的强制性产品认证(3C 认证)。
3) 国家环境保护总局主管的环保认证。
4) 北京环保局主管的环保认证。

车辆全新产品的政府认证审批周期为 6 个半月,汽车产品必须通过上述认证才可以生产和销售。

10.1.1 认证发布形式

国家发展和改革委员会主管的公告认证，通过网络、公告光盘和文件的形式发布；国家认证认可监督管理委员会主管的强制性产品认证（3C 认证），通过认证证书的形式发布；国家环境保护总局主管的国家环保目录，通过网络和产品目录（印刷品）的形式发布；北京环保局主管的北京环保目录，通过网络和产品目录（红头文件）的形式发布。

10.1.2 认证周期

公告认证周期为 3 个月，3C 认证周期为 1.5 个月，国家环保认证为 1 个月，北京环保认证为 1 个月。

10.1.3 认证车辆分类

认证时的试验项目，不同的车型要求是不同的。认证车辆主要分为以下几类：
1）L 类：2 轮或 3 轮机动车。
2）M1 类：≤9 座（含驾驶员）的载客车辆。
3）M2 类：>9 座（含驾驶员），且最大总质量≤5t 的载客车辆。
4）M3 类：>9 座（含驾驶员），且最大总质量>5t 的载客车辆。
5）N1 类：最大总质量≤3.5t 的载货车辆。
6）N2 类：3.5t < 最大总质量≤12t 的载货车辆。
7）N3 类：最大总质量>12t 的载货车辆。
8）O 类：挂车。
9）G 类：越野车。

10.2 公告申报

国家发改委为整顿和规范车辆生产秩序，加强车辆生产一致性管理，加强车辆生产企业及产品管理工作，对车辆生产企业实行产品公告管理。主要包括：推进生产准入管理，定期发布《道路机动车辆生产企业及产品公告》；规范企业申报《道路机动车辆生产企业及产品公告》工作程序；加强产品生产一致性管理和产品合格证管理工作；加强车辆生产企业及产品监督管理工作等。

汽车企业在新产品上市前，法规部门需要完成新产品的整车公告申报工作，新产品的基本信息将会体现在《道路机动车辆生产企业及产品公告》中。《道路机动车辆生产企业及产品公告》每月申报一次，由工业与信息化部网站每月公布一次申报结果，可以查询到最新的产品基本信息。

在进行《道路机动车辆生产企业及产品公告》申报时，也需要对整车进行公告试验，以确认相关产品参数是否正确。整车公告试验时，会对主要的整车参数进行测试。整车公告参数会与后期消费者产生一定的联系，比如购车环节、上牌、购买车险等，因此公告参数很重要也很权威。

10.2.1 公告申报条件

以下情况的产品需进行公告申报：
1）新产品。
2）演变产品：演变内容涉及强检项目。
3）涉及 M1 类车辆的参数变更，如转向型式、轴数、轴距、轮胎规格、轮距、总质量、整备质量、额定载客、接近角、离去角、前悬、后悬、最高车速、电机型号、功率、VIN 号等。

注意事项是产品设计开发时最好有系列车型的概念，这样可以合理安排试验样车，缩短试验周期，减少试验费用，利于资源共享；需保证认证试验样车及时提供，且与将来批量生产的产品一致，不能采用进口整车作为检验样车（包括采用进口车身或按 CKD 方式装配的整车）；样品参数提供要准确、全面。

10.2.2 公告申报流程

公告申报的流程如图 10-1 所示，从审查到发布公告需要 3 个月的时间。

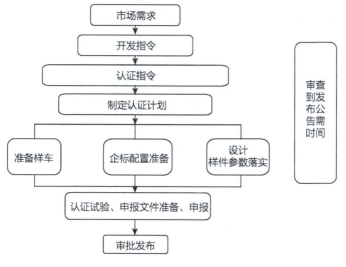

图 10-1 公告申报的流程

10.2.3 公告申报的检测依据

公告申报的检测依据主要包括两个方面,一是强制性检测项目,目前有75项强制检测项目,其中涉及M1类车辆的有56项,部分强制检测项目见表10-1;二是性能参数试验,即测试整车的动力性、经济性、平顺性、噪声等参数。

表10-1 汽车强制检测项目清单(局部)

项目代号	项目	依据	适用车型								
			M1	M2	M3	N1	N2	N3	D1	D2	D3	D4
09	前雾灯配光性能	CB 4660—2016	可选装,装用必符合						×	×	×	×
10	后雾灯配光性能	CB 11554—2008	√	√	√	√	√	√	√	√	√
11	前位灯配光性能	CB 5920—2019	√	√	√	√	√	√	√	√	√
12	后位灯配光性能	CB 5920—2019	√	√	√	√	√	√	√	√	√
13	前示廓灯配光性能	CB 5920—2019	车宽大于2.1m的车辆								
14	后示廓灯配光性能	CB 5920—2019	车宽大于2.1m的车辆								
15	制动灯配光性能	CB 5920—2019	√	√	√	√	√	√	√	√	√

10.3 3C认证申报

因为汽车是一个比较特殊的产品,关系到行车安全,因此将一些与行车安全关系紧密的零部件称为关键零部件。对关键零部件需要进行强制性的检验,并进行安全认证。

产品"3C认证"即"中国强制性产品认证",英文名称China Compulsory Certification,英文缩写"CCC",在很多产品上都能看到3C标识,3C标识并不是质量标志,它是一种最基础的安全认证。3C认证是我国政府为保护消费者人身安全和国家安全、加强产品质量管理、依照法律法规实施的一种产品合格评定制度。我国在2001年12月3日对外发布了强制性产品认证制度;从2002年5月1日起,我国开始受理强制性产品目录规定产品的认证申请。

汽车企业的法规部门需要根据关键零部件清单,完成所有零件的检验及3C认证,才能允许产品上市;若检验发现有零部件不满足要求,则要进行整改,直至满足要求。因此零部件强检及3C认证是一项重要的工作。

10.3.1 3C认证的申报条件

以下情况的产品需进行3C认证申报:
1)新产品。

2) 老产品改进。
3) 关键外购件的任何变化。
4) 已获证书上的任何内容变化。

在申请时，需提供以下文件：
1) 申请书（新申请书或者产品变更申请书）。
2) 产品描述。
3) 检验报告。
4) 零部件（安全玻璃、安全带及轮胎）3C 证书复印件。
5) 关键外购件清单。

3C 关键外购件清单见表 10 - 2。它是中国质量认证中心（CQC）控制企业生产一致性的重要依据，包括它的型号、规格、商标、生产厂家、证书号等。这几项内容任何一项与申报时不一致，都必须重新向 CQC 备案。

表 10 - 2 3C 关键外购件清单

序号	总成名称	具体零部件名称
1	动力总成/控制器/发动机	驱动电机、电机控制器、高压配电盒、充电机、DC/DC 变换器、PTC、动力电池、发动机及其附件
2	传动系	变速器、分动器、传动轴、离合器
3	行驶系	轮胎、轮辋、驱动桥、钢板弹簧、螺旋弹簧、减振器
4	转向系制动系	转向器总成、转向助力器、转向盘、制动软管、制动主缸（液压、真空助力器）、制动蹄片、制动鼓、制动盘、制动阀、防抱死装置
5	电器设备/灯具/仪表	喇叭、前照灯、前雾灯、后雾灯、前位灯、后位灯、前示廓灯、后示廓灯、制动灯、倒车灯、前转向灯、后转向灯、侧转向灯、前回复反器、后回复反器、侧回复反器、驻车灯、车速表、组合开关
6	车身附件	车身（驾驶室）、座椅、座椅头枕、座椅面料、顶篷材料、侧围材料、门内板材料、地板材料、前风窗玻璃、后风窗玻璃、侧窗玻璃、安全带、气囊、气囊起动装置、后视镜、下视镜、汽车线束总成、安全窗、排气管、空调、门锁、门铰链、仪表板、风窗玻璃刮水器、风窗玻璃洗涤器、侧面及下部防护装置、燃油箱总成、暖风机
7	车身	发动机盖左铰链总成、发动机盖左铰链总成、发动机盖右铰链总成、左前门上铰链总成、右前门上铰链总成、左前门下铰链总成、右前门下铰链总成、左后门上铰链总成、右后门上铰链总成、左后门下铰链总成、右后门下铰链总成、后备门铰链总成

10.3.2 3C 认证的管理方式

对于基本车型,需要进行强制性检验及工厂条件检查;对于变形车,需要进行单元划分、补充检验及工厂条件检查。3C 认证的管理方式如图 10-2 所示。

10.3.3 3C 认证申报流程

3C 认证申报流程如图 10-3 所示,从审查到发布公告需要 1.5 个月的时间。

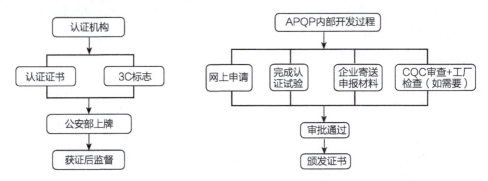

图 10-2　3C 认证的管理方式　　　　图 10-3　3C 认证申报流程

10.3.4 3C 认证检测项目

3C 认证检测项目与公告检测项目基本相同,以公告检测项目为基础,又与公告检测项目有所差别。

3C 认证增加了以下要求:需提供制动软管报告(GB 16897—2010);需提供轮胎(GB 9743—2015)3C 证书、玻璃(GB 9656—2003)3C 证书、安全带(GB 14166—2013)3C 证书。

3C 认证对定型(即可靠性)试验无要求,但是有单元和单元划分的要求;对车载接收机(GB/T 18655—2018)、油耗(GB 19578—2014)、三角警告牌(GB 19151—2003)无要求。

10.4 环保目录申报

10.4.1 环保目录管理方式

国家环保目录和北京环保目录管理方式如图 10-4 所示。

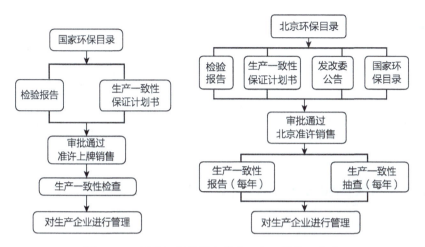

图 10-4　国家环保目录和北京环保目录管理方式

10.4.2　环保目录申报流程

国家环保目录的申报流程是：完成网上环保生产一致性保证计划书申报—国家环保总局备案—网上申报—国家环保总局审查—发布国家环保目录。

北京环保目录的申报流程是：寄送申报材料—北京环保局审查—发布北京环保目录（注：若是新产品，报送北京环保目录时，须等到发改委公告和国家环保目录发布之后才能申报）。

环保目录的申报周期均为1个月。

10.5　生产一致性

10.5.1　生产一致性要求

现阶段国家主管部门对汽车企业实施生产一致性的要求见表 10-3。

表 10-3　生产一致性要求

序号	名称	国家主管部门	性质	说明
1	环保生产一致性	国家环保总局	强制	不通过，不给予环保目录，不得销售车辆
2	北京环保车辆一致性达标	北京市环保局	强制	不通过，不给予北京环保目录，不得在京销售

（续）

序号	名称	国家主管部门	性质	说明
3	CCC获证后监督	国家质量检查监督局	强制	不通过，取消"3C"标志，不得销售
4	新车免检审查	发改委、公安部	自愿	不通过，车辆上牌需检测，可以销售

10.5.2 国家环保总局生产一致性管理方式

国家环保总局生产一致性管理方式如图10-5所示。

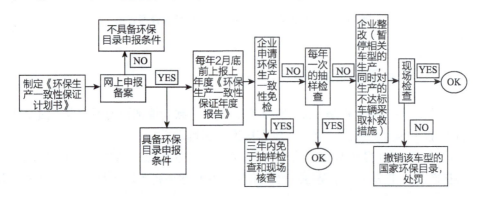

图10-5 国家环保总局生产一致性管理方式

1. 国家环保总局免检流程

国家环保总局免检流程如图10-6所示。

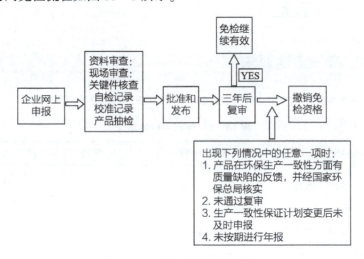

图10-6 国家环保总局免检流程

2. 国家环保总局生产一致性申报材料

国家环保总局生产一致性申报材料见表10-4。

表10-4 国家环保总局生产一致性申报材料

序号	作用	材料名称	责任单位	备注
1	获得产品环保目录条件	《环保生产一致性保证计划书》		
2	年度备案及申请环保企业免检	《环保生产一致性保证年度报告》		
3	申请环保企业免检	申请函		
		生产车型、生产线及生产地概述		
		"排放关键部件"的图样和技术文件		
		《环保生产一致性保证计划书》		
		《环保生产一致性保证年度报告》		
		第三方认证的质量体系认证材料		
		环保一致性质量缺陷反馈说明材料		
		实验室能力说明材料		
		排放（工况法）和噪声检测设备清单		
		排放和噪声检测报告汇总		
		生产产品的标准偏差—工况法排放		

3. 抽样检查

抽样办法是：国家环保总局确定车型，指派抽样人员；抽样地点为企业生产线末端或者成品库的合格产品，或者从企业的经销商处抽取尚未销售的合格产品；抽样数量按照有关排放标准的要求确定。在生产企业成品库中抽样时，抽样基数不得少于20辆；抽样方法参考GB/T 10111—2008《随机数的产生及其在产品质量抽样检验中的应用程序》或者从企业产品账上随机选定，抽样人员对抽取的样品进行封样处理。

样品核查：由抽样人员在抽样现场进行；核查内容是样品的"排放关键部件"与形式核准的一致性判断；并填写《样品等级表》和《"排放关键部件"核查表》，双方签章认可。

样品检测：检测单位由国家环保总局制定，同时指派人员监督样品检测全过程；检测项目为Ⅰ型试验、Ⅲ型试验、Ⅳ型试验和车外加速行驶噪声检测的全部或部分；样品可以根据相关排放的规定和要求进行预处理和选择；整车采用的负荷设定与型式核准时一致。

合格判断的条件是："排放关键部件"与型式核准的一致性判断为合格，并且排放和噪声性能检测符合相关排放标准的要求。

4. 现场检查

首先是资料检查，意图是审查质量管理文件及体系运行记录等；涉及停产文件记录、造成环保一致性不合格的原因分析、对环保生产一致性保证体系的改进、对自抽样检查的改进、对生产、工艺或者检测条件的改进等纠正和预防措施、对发现生产一致性不合格前的新生产的不达标车辆的补救措施文件等。

然后是实施情况检查，核查场所是与环保生产一致性相关的生产线、检测线的关键工位或者排放检测实验室；目的是核实《环保生产一致性保证计划书》和相关整改文件的实施情况；并进行"排放关键部件"与型式核准的一致性判定检查。

资料审查和实施情况检查合格后，再进行抽样检查。

检查结束后，出具现场检查报告，并报送国家环保总局。

10.5.3 北京环保总局生产一致性管理方式

北京环保总局生产一致性管理方式如图10-7所示。

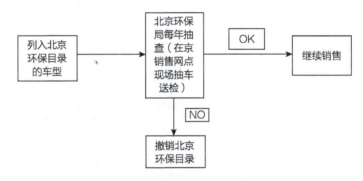

图10-7 北京环保总局生产一致性管理方式

1. 获得3C证书后的监督

获得3C证书后的监督是为了检查企业批量生产的产品的质量性能是否与认证时的产品一致，其流程如图10-8所示。第一次监督检查为获证后的第13个月，以后为每隔12个月。

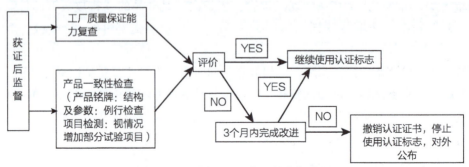

图10-8 获得3C证书后的监督流程

2. 工厂质量保证能力的复查内容

需明确各部门的职责，配备相应的人员和设备；建立质量程序文件，并保持质量记录；制定采购和进货检验程序，保存对供应商的选择评价和日常管理记录；生产过程控制和过程检验应进行监控，建立并保持对生产设备进行维护保养的制度；在生产的适当阶段对产品进行检验，以确保总成及零部件与认证样品一致；应制定并保持例行检验和确认检验程序，并保存检验记录；按规定的周期进行检验设备校准和检查，并有计量合格鉴定证；对不合格产品进行控制；建立不合格产品的控制程序；建立内部质量审核程序；对产品的一致性进行控制，建立关键件和材料、结构等的变更控制程序，这类变更应该申报并获批准后方可执行；包装、搬运和储存应符合要求。

3. 北京环保总局免检流程

北京环保总局新车免检流程如图 10-9 所示。

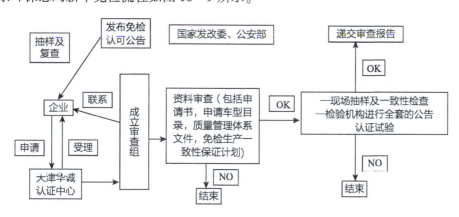

图 10-9 新车免检流程

新车免检审查申报材料见表 10-5。

表 10-5 新车免检审查申报材料

序号	作用	材料名称	责任单位	备注
1	申请新车免检	申请书		
2		申请免检车型目录		
3		质量管理体系文件（包括检测线、总装、采购、关键总成分装）及质量体系认证概况		
4		整车出厂免检生产一致性保证计划		

10.6 相关工作

10.6.1 车辆注册

车辆注册时,必须有以下政府文件。

北京以外的区域需要公告、3C 证书、国家环保目录,可以注册。

北京地区需要公告、3C 证书、国家环保目录、北京环保目录,可以注册。

同时,注册时还需要核对《机动车注册登记技术参数表》(始于 2003 年 1 月 1 日)。从 2005 年 5 月 1 日起,采用新版的合格证。将现有的合格证和《机动车注册登记技术参数表》合并为 1 张 A4 纸张,正面是合格证,反面是注册参数表。

另外,需进行安全性能检测。如果是发改委批准的"新车免检"车辆,注册登记时可以免上检测线。

10.6.2 汽车产品涉及的主管机构(部分)

汽车产品涉及的主管机构部分见表 10-6。

表 10-6 汽车产品涉及的主管机构部分

机构名称	缩写	涉及汽车行业主要职能
国家发展和改革委员会	NDRC	汽车产品的主管机构(发布汽车产品公告)
国家环境保护总局	SEPA	国家环保目录及生产一致性和在用车生产一致性的主管机构
北京环境保护局	BJEPB	北京环保目录的主管机构
中国质量监督检验检疫总局	AQSIQ	中国标准发布和产品质量监督主管机构
国家认证认可监督管理委员	CNCA	CQC 的上级主管机构
中国质量认证中心	CQC	CQC 产品认证的机构
中国汽车产品认证委员会质量体系认证中心/华诚认证中心	CAQC	新车免检资格的审查机构
公安部	MPS	车辆注册及年检的管理机构
国家轿车质量监督检验中心(天津)	CATARC	国家认可的检测机构(部分)
国家重型汽车质量监督检验中心(重庆)	CATC	
国家汽车质量监督检验中心(襄樊)	NAST	
国家汽车质量监督检验中心(长春)		

10.6.3 汽车产品认证相关网站

汽车产品认证相关网站见表 10-7。

表 10-7 汽车产品认证相关网站

网站名称	网址
中国汽车工业信息网	http://www.autoinfo.org.cn
中国质量认证中心（CQC）	http://www.cqc.com.cn
北京市环境保护局	http://www.bjepb.gov.cn
国家发改委	http://www.ndrc.gov.cn
生态环境部	http://www.mee.gov.cn

新能源汽车
设计基础

第 11 章　产品及工艺验证

在新产品的设计过程中以及上市前,需要对新产品进行产品验证以及产品工艺的验证。产品验证是指产品性能、可靠性、使用寿命等方面的试验验证;产品工艺的验证是指产品在生产、使用、售后维修保养等方面的可行性验证。

11.1　样车试制

新产品的设计结果最终还是需要通过实车来进行试验验证的,样车试制就是在产品量产前进行的小规模实车生产。样车试制的实车主要有动力总成标定、零部件设计方案验证、整车试验验证、制动系统标定、公告试验、工艺验证等用途。

11.1.1　MuleCar 样车

样车试制最早开始于 G7 阶段,在动力总成选型完成后,由于要进行动力总成标定,为了赶上夏冬两季的标定时间,需要借用其他现有车型改装成标定样车,这种样车称为骡车(MuleCar),如图 11-1 所示。现有车型可以是核心竞品车型或者是整车参数大致相似的车型,将动力总成等零部件拆卸后,更换成新车型的动力总成,并借用现有车型的车身、底盘、低压电气、内外饰等。使用骡车进行动力总成标定试验可以大大减少整车的研发周期,是汽车企业

图 11-1　MuleCar

通用的做法。

11.1.2 软模车

到 G5 阶段结束后，整车 TG1 或者 V1 版数据已经完成，此时可以试制软模件的样车。软模件的样车可以验证零部件的设计方案、工艺可行性、下部车身（含底盘、动力总成）的性能与可靠性。

11.1.3 模具车

到 G4 阶段结束后，整车 TG2 或者 V2 版数据已经完成，此时零部件均完成开模，可以试制量产模具件的样车（也叫硬模车），此时的样车已经十分接近于量产车。量产模具件的样车可以验证零部件的设计方案、工艺可行性、整车的性能与可靠性。

11.2 产品可靠性验证试验

产品在完成 V1 或者 TG1 阶段的数据设计后，需要对其进行验证。零部件 DV 验证就是零部件的设计验证，即 Design Verification 的英文缩写，一般用软模件进行验证设计是否满足要求，少数件允许用手工件代替。对软模件装配完成的样车进行各项验证，对发现的问题，会在 V2 或者 TG2 阶段进行解决或者优化，为整车数据的设计冻结做准备，因此零部件 DV 验证阶段也是一个重要的研发环节，起到了承上启下的作用。

产品设计的 V2 或者 TG2 阶段完成以后，即数据冻结后，将进行开模，制造出模具件。此时需要对模具件进行验证，即 PV 验证，是 Product Verification 英文缩写。根据不同的性能、法规等要求，对不同的零部件进行试验或者测试。不同的零部件，试验或者测试依据的试验项目、试验方法与试验要求也不尽相同。试验或者测试通过后，零部件就基本可以达到量产的要求，为产品量产奠定了基础。

为了分析、评价、验证和提高产品的可靠性而进行的试验，统称为可靠性试验。广义地说，任何与产品失效效应有关的试验，都可以认为是可靠性试验。狭义的可靠性试验，往往是指使用寿命试验。

11.2.1 可靠性试验的意义和目的

在汽车可靠性研究中，通过可靠性试验了解整车及其各系统的关系，了解总成、零部件的失效情况，获得可靠性数据、资料，从而达到提高汽车产品的可靠性水平。可靠性试验的目的有以下几点：

1）对汽车及其零部件可靠性水平的评估和考核。利用试验中获得的数据，求得产品的可靠度、失效率及平均寿命等可靠性指标，以考核其性能、强度、可靠性和寿命等是否符合设计要求。

2）对批量产品或外加工产品进行验收。

3）对试验结果进行失效机理分析。通过可靠性试验，暴露产品在设计、制造、使用、维护、管理方面存在的问题和薄弱环节，找出失效原因，提出改进方案，从而使汽车的可靠性水平不断得以提高。

4）储备设计所需的资料，探索发展方向，酝酿新的设计思想，为下一轮开发设计新产品积累经验。

11.2.2 可靠性试验的分类

可靠性试验的类型很多，在汽车产品研制、生产的各个阶段，随着试验的目的、要求和试验对象的变化，试验人员应做出不同的选择。主要有以下几种分类：

1）按试验场所分为现场试验、试车场试验、实验室试验。
2）按试验的破坏情况分为破坏性和非破坏性。
3）按试验条件分为常规性寿命试验、加速寿命试验、强制老化试验等。
4）按试验对象分为全数试验和抽样试验。

1. 按照试验场所分类的试验

按照试验场所分类有现场试验、试车场试验、实验室试验。三种试验方法各有优、缺点。

（1）现场试验

现场试验是按照实际车辆使用条件进行的可靠性试验，这种试验可以在汽车使用地区的道路上进行。在使用地区试验，也称野外试验或现场试验。进行行驶试验时，车上一般装有记录负荷、应力、速度、温度的仪器，装有气温、气压、风速、里程、电量或者燃油和润滑油的记录装置或传感器。在现场试验时，须按一定的计划挑选试验的路面、地区。路面一般可分为平整道路、泥路、山路、城市道路、坑洼的恶劣路面，地区可分为严寒、酷暑地区，高原、高湿、低气压地区，试验中必须有计划地各取一定的里程。

现场试验的优点是它是一种综合性试验，能比较全面客观真实地评价产品在实际使用中的可靠性和维修性，其试验所得的数据和结论，最为直截了当，也最为可靠。缺点是费用消耗大、投入的人力较多，试验周期长，不确定因素较多，试验的重复性相对差些。现场试验的对象主要是以汽车整车的可靠性为主，也包括一些重要总成的可靠性试验。开发一种新车型，至少要进行两次现场试验，一次在设计定型前，一次在投产后。每次持续时间和里程应相当于在用户手中 3~5 年的实际使用期。

（2）试车场试验

试车场试验是在试车场模拟实际使用条件进行试验，其主要设施及路面如图11-2和图11-3所示。它的优点是能够保持恒定的试验条件，参数和因素易于分辨和隔离，适宜于针对性地解决问题。它的缺点是所得到的可靠性数据，需要根据实际的使用情况对模拟试验条件下取得的数据进行折算。这种折算，需要大量的试验和统计数据作为基础。试验对象由于受到试验条件的限制，目前还局限于总成、零部件的专项可靠性试验。

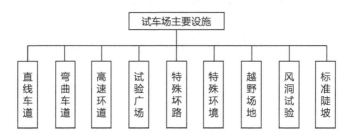

图11-2 试车场主要设施

图11-3 试车场路面

图11-4 实验室试验

（3）实验室试验

实验室试验也是采用模拟行驶条件，但与实际的行驶条件相差较大，如图11-4所示。它的优点有以下几项：

1）试验对象可以按照需要选定，可以随时更换试验对象。

2）试验参数和因素可以更精确地隔离和控制，可以排除外界的干扰。

3）可以增加载荷或加载频率，加速试验进程。

4）减轻试验人员劳动强度，实现自动试验、无须看管、24h不间断运行。

5）改善试验人员的工作环境，使高温试验、低温试验、有严重噪声的试验环境在密闭的实验室中进行。

它的缺点是由于受试验条件的限制，不可能完全反映实际使用情况。实验室试验比较适合于总成或零部件的可靠性对比试验。实验室试验也大致经历了三个阶段，早期是等幅加载试验，逐渐发展到程序加载的多工况试验，最近随机加载的试验开始增多。就目前的发展水平，汽车零部件和总成的实验室可靠性试验仍以程序加载试验为主。

台架试验也是实验室试验中的一种情况，所谓台架试验，就是在实验室使用专门的试验装置，模拟实际工作状态，完成总成或零部件的试验，如图11-5所示。它是实际工作状态在实验室再现的一种方法。尤其在新产品开发阶段，耗时、耗资最多的是可靠性评价试验，为缩短时间、节约经费，可采用台架模拟试验。台架试验的优点是可以加速试验进程，数据重复性好、可比性强，采集数据方便，寿命分布明确，比整车试验经济。

台架模拟试验包括总成可靠性试验、零件可靠性试验。其中总成试验台架有动力总成试验台架、离合器试验台架、变速器试验台架、后轴试验台架、制动器试验台架等。零件试验台架主要用于单一条件的试验，在开发试制阶段，主要用于考核零件可靠性，考核材料的强度、性能；在批量试车阶段，主要用于质量控制或外购件的质量验收。

图11-5 台架试验

2. 按照破坏情况分类的试验

按照试验的破坏情况，可分为破坏性和非破坏性两种。破坏性试验是指试验样品最终被破坏或失效的试验，包括破坏性寿命试验和破坏性极限条件试验。破坏性寿命试验是为了确定产品寿命和可靠性特征值而进行的试验。破坏性极限条件试验是在超负荷或严酷环境条件（如高温、低温、酸碱盐腐蚀、高湿、缺氧、低气压等）下的破坏性试验，其主要目的是为了考察汽车和零部件产品在特殊环境下抵抗失效的能力。

非破坏性试验是在不破坏产品的基础上而获得可靠性数据，包括以非破坏性方法查明产品潜在的缺陷，如采用超声波、声发射、射线、探伤剂、磁性等各种无损检测手段，查找产品是否存在缺陷，从而排除故障源。这种检测、试验方法适用于制造阶段对材料及其零部件的质量检验，也可以对外加工的贵重产品进行抽样检验。

3. 按照试验条件分类的试验

按照试验所给予的条件，可分为常规性寿命试验、加速寿命试验、强制老化试验、临界试验、特定环境和路面条件下的试验。

（1）常规性寿命试验

常规性寿命试验是按照规定的使用条件，对汽车或零部件进行的寿命试验。这种试验可以是连续工作，也可以是间断工作。所谓规定的使用条件，就是根据产品设计要求，采用接近或类似于实际使用条件的试验。这种试验方法的特点是试验周期较长，但实验结果较为真实。

(2) 加速寿命试验

加速寿命试验是在不改变失效机理的前提下,增加应力幅值或加载频率,从而使故障率增大或寿命缩短的试验。这种试验可以在较短的时间里获得可靠性评定数据和暴露使用中可能出现的故障。

这里所提到的应力是一种广义的概念,它除了包括负荷(拉、压、扭、剪)、振动、冲击等机械应力之外,还包括温度、湿度、腐蚀等环境应力,以及电流、电压、电场、磁场引起的电应力等。对于施加机械(交变或随机)载荷的寿命试验,通常称为疲劳寿命试验。对于汽车产品来说,其平均失效前时间(MTTF)、平均故障间隔时间(MTBF)大多很长,进行旷日持久的常规性试验,从经济和开发周期来看往往是不允许的。

加速寿命试验的目的有以下几个:

1) 设置苛刻的试验条件,促使样品加速失效。设置的条件必须与实际情况有内在联系,能在短时间内预测通常使用条件下的寿命。

2) 在苛刻环境和负荷条件下试验,确定零部件材料的安全裕度。

3) 在苛刻环境和负荷条件下试验,剔除有缺陷的零部件,以保证整车的可靠性水平。

加速寿命试验方法的选择原则是:

1) 保证失效机理的稳定性。如果试验条件过于苛刻,有可能使原来条件下的失效机理发生改变,产生的失效就是在不正常条件下的失效机理引起的。

2) 明确加速因素与产品寿命之间的关系。通过理论模型或经验模型,折算出正常条件下的产品寿命。

评价加速寿命试验的结果,需要考虑以下几个问题:

1) 与常规使用条件相比,平均寿命是否缩短。

2) 与常规使用条件相比,故障模式有无变化。

3) 与常规使用条件相比,故障的范围有无扩大。

4) 与常规使用条件相比,负荷条件发生了哪些变化。

5) 在给定的累积故障概率范围内,与其他加速方法相比较,其试验结果是否存在差异。

6) 反映可靠性指标的 $F(t)$、$R(t)$、$f(t)$ 分布函数是否与原来常规使用条件下的分布函数相同。

7) 加速的强度,即加速系数有多大。

8) 试验设备、监视装置、数据的收集分析经济性如何。

加速寿命试验的方法主要有:

1) 加大应力法,就是试验应力,包括工作应力和环境应力。

2) 提高频率法,就是提高施加应力的频率。

3) 判定加速法,加严失效判断依据,就是提前判定失效。例如原定特性值变化10%作为失效,现在以5%就算失效。

4) 替代试验法,利用易发生失效的试制品代替实际产品进行寿命试验,或者将已经使用到某种程度的样品进行寿命试验，例如对车门撞击试验就不必油漆等。

5）截尾试验法，这种方法又称为统计加速，是利用统计学的原理，将尚未失效而已经达到某种寿命指标的试验样品停止试验，依照统计原理判断寿命。

6）浓缩应力法，去除小应力幅值，使试验时间缩短。实践证明，当应力值低于某一数值时，寿命趋于无穷大。据此，需要对应力的分布状况做人为处理，把应力低于疲劳极限的工作时间剔除，使试验时间缩短。

(3) 特殊环境条件下的试验

特殊环境是指特殊的气候环境，主要有严寒地区、高原地区、湿热地区，简称"三高地区"。

严寒地区的环境特征是低温、冰雪，出现较多的可靠性问题有冷启动性能差；气制动管路结冰；冷却液、润滑液、燃油冻结、金属低温脆性失效；非金属零件的硬化失效；采暖、除霜装置失效；特殊维修问题等。严寒试验如图11-6所示。

高原地区的环境特征是低温、低气压、长坡、辐射，出现较多的可靠性问题有冷却液沸腾，供油系统气阻；动力性下降，启动性能恶化；维修困难等。

图11-6 严寒试验

湿热地区的环境特征是高湿度、高温、高辐射、雨水、盐雾、霉菌，出现较多的可靠性问题有冷却液沸腾，供油系统气阻；金属件腐蚀；电器件故障；非金属件老化、变质、发霉等。

(4) 特殊路面条件下的试验

为了快速得到可靠性试验数据，在试车场内为不同的车型设置了不同的车道，这些车道分别为搓板路、石块路、鱼鳞坑路、鹅卵石路、砂坑路、条石路、石板路、扭曲路、沥青路，以不同的顺序组合而成。

4. 按照试验对象分类的试验

按照试验对象（样本大小）分类的试验有全数测试和抽样测试两种。

全数测试是指对于关键项目和指标进行100%的测试或检查。这种测试所得的数据较为精确，可靠性置信水平高，缺点是工作量大，测试对象也只能局限于非破坏性产品。需要说明的是，经过寿命试验的样品是不能作为产品安装或销售的。全数测试实际上是生产现场的在线检查，目的是提高零件或整车的可靠性水平。

抽样测试是从批量产品中抽取部分样品进行试验，利用试验结果，通过计算、分析来推断批量产品的可靠性特征量。在可靠性寿命试验中，为了缩短试验时间，抽样试验大多为截尾试验。所谓截尾试验，就是指参加试验的样品并没有达到全部失效就停止了试验。截尾试验有两种方法，一是定时截尾试验，到规定的时间停止试验；二是定数截尾试验，到规定的失效判断数停止试验。

11.2.3 可靠性试验的内容

第一是确定试验对象。不同的试验对象,其可靠性试验的方法、试验样品的数量以及采集数据的方式也不同。对于价廉、通用的重要零部件,取较多的试验样品,以提高数据的置信水平;对于价格昂贵的关键零部件,只能取少量样品;对于复杂的总成、部件,由于样品数量的限制,只能用一些主要的参数作为评价可靠性的指标。例如发动机台架的可靠性试验,除了结构强度外,主要测试功率、转矩、排放、电耗或者油耗等指标。

第二是明确试验要求。应当在投入试验以前,明确试验所应达到的基本要求,如试验项目;定性分析目的、要求;定量分析指标体系;定量指标的特征值;试验数据的表示尺度、精确度、量纲;样品来源、批号、材料性质和取样方法;样品数量;完成试验的时间要求和进度等。

第三是确定试验条件。试验条件主要包括以下几方面:
1)应力参数,确定施加应力的水平和形式。
2)环境类型,确定试验环境的温度、湿度、酸碱度。
3)失效判据,明确认定失效的标准。
4)测试条件,确定数据测量的参量、测量的次数和时间。

第四是做好试验准备。试验准备主要有以下几方面:
1)明确试验承担者,决定试验任务由哪些人员承担,做到分工明确,责任到人,尤其在野外试车时,需要组织一支精干的试车队伍。
2)落实试验经费,保障试验工作的各项使用经费。
3)配置试验设备,对已有仪器、设备进行计量标定,对新购置的仪器、设备做好调试工作,确保试验数据正确可靠。

第五是编制和应用载荷谱。由于汽车的工况和载荷变化十分复杂,从理论上讲,通过道路试验测定的载荷,能真实地反映随机载荷,数据可靠。但是,由于试验周期长,处理数据的工作量大,费用耗资多,这种方法不常使用。经常是在典型的路面上进行短距离实测,然后用数理统计原理进行整理和推断,最后编制成载荷谱,依照载荷谱对零部件进行快速疲劳试验。

11.3 标定及验收试验

11.3.1 动力总成系统标定及验收

汽车企业开发一款新产品或者新车型,其动力系统并不是随新车型的研发而重新设计开发的,因为动力系统对于整车而言至关重要,必须经过一段时间的试验和验证才会使用到新车型上,而不是新研发完成后,直接用在新车型上;还有就是动力系统的研发相对独立,研发周期较整车研发长，在时间周期上也不允许研发一款新车型的同时再研发一款新动力系统。因此新车型一般是选用已有的动力系统资源，比如选用之前研发完成并已在其他车型上使用的动力系统，或者选用动力系统供应商现有的成熟动力系统，即配套。

以上说明了同一个动力系统将会用在很多不同的车型上，不同车型的性能要求、整车质量及其他技术参数都有差异，如何保证同一款动力系统能和不同的车型匹配并发挥出较好的性能，是一个重要问题。标定，就是解决这一问题的关键工作。标定就类似于私人定制，根据每个车型的不同情况，将控制驱动电机工作的电机控制器控制程序进行重新设置，使得驱动电机能够按照新车型的实际情况在较好的状态下进行运转，发挥出较好的性能。也就是说，在采用一个动力总成硬件的同时，需要对控制硬件的软件进行更新匹配升级，这就是标定的基本含义。新能源车由电机控制器（MCU）控制驱动电机工作，传统燃油车由发动机控制单元（ECU）控制发动机的运转，因此需要对 MCU 和 ECU 进行标定。笔者曾经在新车型的研发过程中，感受过未标定动力总成的试制样车的驾驶状况。样车在起动后，进行挂档，加速，车辆行驶反应都十分迟滞，这就是未标定的结果。

标定后，会对新的控制程序进行验证试验，以测试标定后的控制程序是否满足新车型的要求。一般动力总成的标定都会经历一个夏天及一个冬天，使得动力总成在尽可能大的温度变化范围内满足使用要求，例如冬季会到黑龙江的漠河进行标定，夏天会到海南进行标定。如图 11-7 所示，即为新车型在"三高"条件下的标定试验。

图 11-7 "三高"标定试验

11.3.2 其他系统标定及验收

除了动力系统需要标定，其他配套的涉及功能性的零部件也同样需要进行标定，比如整车控制器（VCU）、空调系统（HVAC）、制动系统等。新能源车除了控制驱动电机的电机控制器（MCU）外，还有一个重要的控制系统就是整车控制器（VCU）。整车控制器将对整车的信号进行处理，进行标定后，可以使车辆处于正常的工作状态。空调系统的制冷制热效果同样需要根据不同的车型情况进行标定，使

图 11-8 ESC 雪地标定试验

得空调系统能够满足整车的性能目标。制动系统属于安全性能的一个方面，主要是 ABS 系统（或者 ESP、ESC 系统），也必须进行标定，使得制动系统能够根据新车型发挥出最大的

制动效能，保证车辆的行驶安全。ESC 的雪地标定试验如图 11-8 所示。

11.4 产品失效模式及后果分析

产品失效模式及后果分析（Failure Mode and Effects Analysis，FMEA）是一种分析系统中每一产品或过程所有可能产生的失效模式及其对系统造成的所有可能影响，并按每一个失效模式的严重程度、检测难易程度以及发生频度予以分类的一种归纳分析方法或者工具。在新产品的设计中，通过 FMEA 可以发现产品设计上的问题，利用试验或 CAE 仿真分析，提出有针对性的改进措施，对不合理的设计，及时进行修改和优化，可缩短新产品的设计时间及费用。如图 11-9 所示为零件的断裂失效。

图 11-9 零件断裂失效

11.4.1 FMEA 的目的

FMEA 可以描述为一组系统化的活动，其目的有：
1）发现并评价产品/过程中的潜在失效及该失效的后果。
2）确定并能够消除或减少潜在的失效发生机会的措施。
3）将全部工程形成文件。

关于确定设计或过程必须做哪些事情才能使顾客满意，FMEA 是对这一过程的补充，所有的 FMEA 都关注的是设计，无论是产品设计还是过程设计。

11.4.2 FMEA 的特点

需要 FMEA 的情况主要有以下几种：新设计、新技术或者新过程；对现有设计或过程的更改；对现有的设计或过程用于新环境、场所或应用，特别是顾客抱怨的问题。

FMEA 具有以下特点：分析可能的失效、策划阶段开始前进行、以预防为出发点、定量评估可能风险、须将分析结果文件化、由具有经验的小组完成、是动态的系统的活动。

11.4.3 FMEA 的分析流程

FMEA 分析流程如图 11-10 所示。

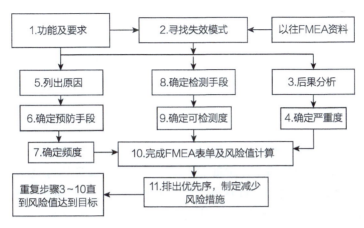

图 11-10 FMEA 分析流程图

11.4.4 FMEA 的实施

由于一般的工业倾向是要尽可能持续地改进产品和过程的质量，将 FMEA 作为专门的技术应用以识别并帮助最大限度地减少潜在的隐患一直是非常重要的。对车辆召回的研究结果表明，FMEA 项目的全面实施可能会防止很多召回事件的发生。

成功实施 FMEA 项目的最重要因素之一是时间性。其含义是指"事件发生前"的措施，而不是"事实发生后"的补救。为实现最大价值，FMEA 必须在产品或过程失效模式被混合到产品或过程之前进行。事先花时间很好地完成 FMEA 分析，能够最容易、低成本地对产品或过程进行更改，从而最大限度地降低后期更改的危机。FMEA 能够减少或消除可能会带来更大隐患的预防或者纠正性更改的机会。

设计失效模式及后果分析（Design FMEA，DFMEA）是一份动态的文件，有如下特点：
1) 在一个设计概念最终形成之时或之前开始。
2) 在产品开发的各个阶段发生更改或获得更多的信息时，持续予以更新。
3) 在产品加工图样完工之前全部完成。
4) 假设该设计将按图样意图进行生产。
5) DFMEA 不依靠过程控制来克服潜在的设计缺陷。
6) DFMEA 考虑制造的极限（如模锻斜度、装配空间、公差或过程能力）。

DFMEA 的主要目的是通过改进设计，降低后期生产风险，提高顾客（下级接收部门）满意度。

DFMEA 的实施流程是：
1) 由负责设计的工程师/小组采用的分析技术。
2) 辨别潜在失效模式。
3) 辨别相关原因或者机理。
4) 支持设计过程，减少失效风险。
5) 应用于系统、子系统及部件。

11.5 OTS 认可

11.5.1 OTS 认可介绍

OTS 是 Off Tooling Sample 的缩写，即"工程样件"或者"工装样件"，是指具备批量生产能力的样件，用于验证产品的设计质量。对 OTS 样件进行验证认可完成后，零部件才能用于整车的量产。对 OTS 样件进行验证认可，称为 OTS 认可，所形成的报告叫作 OTS 认可报告。OTS 认可通过对 OTS 样件进行工程测试、材料测试、尺寸检查、整车试装及验证，确保产品符合设计规格及功能要求。

11.5.2 OTS 认可工作流程

供应商应依据图样要求的相关技术规范提供初版《工程规格》《材料规格》的试验计划，研发部门将整机、整车试验等功能试验项目及计划列入其中，并征求质量管理部等相关部门意见；研发部门将确认好的《工程规格》《材料规格》试验项目及计划存档并反馈给供应商。

试验用样件应具备批量生产代表性。为此，各阶段样件须编号并进行全尺寸检查，供应商依据研发部门的相关技术要求对零件进行尺寸检查，并将检查结果填写至《全尺寸检查报告书》中提交给研发部门，研发部门对供应商检查结果进行最终判定，对最终判定合格的零件进行签核。

试验过程中要保证试验条件及试验过程符合试验技术规范要求。试验结束后，供应商应按期提供试验报告。对于整车、整机试验后的零件，研发部门要求供应商进行问题分析并提供分析报告，供应商负责对样件保存至 SOP 后半年左右。

对于新开发的零部件，各阶段 OTS 完成率要达到各车型《品质保证计划书》的要求；对于量产设变或第二供应商开发的零部件，应在试装申请提出之前完成签字。

OTS 认可报告包含《材质规格认可书》《工程规格试验计划及认可书》《全尺寸检查报告》《整车试验报告》《设计失效模式分析 DFMEA》等文件；对于零件设计变更的情况，由研发部门在设计变更调查时明确是否需重新签核 OTS 认可报告；OTS 认可报告签核完成后，研发管理部门进行登记、存档，并将资料发布至相关部门。

11.6 PPAP

PPAP 是 Production Part Approval Process 的缩写，即量产件批准程序，是汽车企业要求供应商提交零部件的相关资料，目的是考察供应商在产品开发、生产、批量供货的过程中是否能够达到要求，同时也是对供应商综合能力的再次审核。PPAP 需要提交的资料包括：零部件量产保证书（PSW）、过程失效模式分析（PFMEA）、产品试验报告、产品功能特性报告、工装夹具检具清单、生产计划等。

PPAP 与 OTS 有类似的地方，但 PPAP 侧重于对供应商配套能力和产品质量的审核，相关资料比 OTS 认可报告更全面，但 PPAP 资料提交的时间节点要晚于 OTS 认可。

11.7 工艺验证

工艺是指使各种原材料、半成品加工成为产品的方法与过程。对于整车设计及制造来说，工艺就是整车的制造过程及处理方法。整车新产品的工艺验证包括了设计过程的工艺验证和工厂生产线的工艺验证。

11.7.1 设计过程工艺验证

设计过程的工艺验证主要是零部件的设计方案是否满足装配、拆卸、使用、维护的合理性与方便性，同时要考虑设计方案是否与生产线匹配。如零部件的拆装是否遮挡工具的操作空间、零部件装配的高低工位是否与生产线一致等。在工程数据方案设计的时候就要充分考虑工艺的可行性，避免后期发生工艺问题。

11.7.2 生产线工艺验证

很多时候，新产品的出现就等于新的产能，需要新建生产线来满足生产需求，如图 11-11 所示。对于新建生产线除了在设计建造开始就要充分考虑整车制造的合理工艺性外，工艺部门还需要将生产线的流程、特点和研发设计部门做好对接和沟通，尤其是采用了新的生产工艺的情况下，以便于研发部门调整设计方案，匹配生产线。对于现有生产线来说，工艺部门同样需要和研发部门明确生产线的情况，以避免出现不必要的问题。

图 11-11　汽车生产线

新能源汽车
设计基础

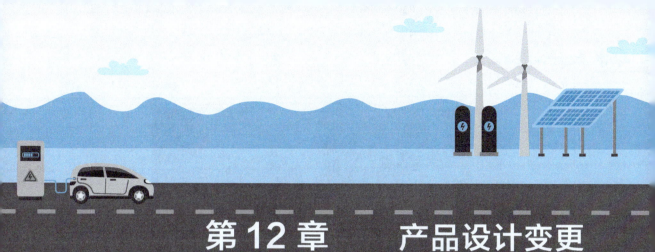

第 12 章　产品设计变更

完成之前 G8~G4 的工作，就进入 G3~G1 的量产阶段了。

12.1　产品 SOP

12.1.1　预试生产及试生产

在各项验证、认可结束后，开始 G3 阶段的预试生产。预试生产主要是为了进一步调试生产线，发现生产线的运转问题，优化生产线运转节拍，培训生产线工人熟悉生产工序。

G3 阶段的预试生产完成后，生产线已基本运转正常，开始进入 G2 阶段的试生产。最初一段时间会对试生产阶段的产品数量进行限制，一般为每天几台或者几十台，这个阶段生产的车，会用于分布在各地经销商的店内展示和产品推广，有时也会优先提供给本汽车企业员工进行体验，以便发现产品之前尚未发现的在使用过程中出现的问题。

12.1.2　正式 SOP

G1 阶段称为正式量产，即 SOP。产品正式上市后，订单会慢慢增多，这时每天的生产数量就会根据产能和订单数量来进行安排生产（即排产）了，也就是正式 SOP，整车量产如图 12-1 所示。订单主要来自于各地的授权经销商，厂家直营的经销商一般较少。正式 SOP 后，新产品的研发工作基本完成，项目工作转入生产和销售阶段。

图 12-1 整车量产

12.2 设计变更

设计变更，也简称为设变，是指为了使产品原来设计的方案、结构、材料、性能等得到修改、完善和优化而对产品图样、标准重新定义。紧急设计变更是指为对应市场重大品情、影响生产等重大问题需要立刻设计变更而采取的特殊、紧急发布形式。设计变更是研发部门不希望看到的，因为设计变更有可能会对产品质量、成本、生产造成不良影响，但是在实际中又是经常发生的一项工作，比较广为人知的就是国家质量监督检验检疫总局发布的"汽车产品召回信息"。"汽车产品召回信息"一般都是汽车使用问题或者设计缺陷，通常都涉及设计变更，才能解决相关问题。

12.2.1 设计变更介绍

设计变更的原因主要包含车型变更、零部件式样变更、性能改善、开发件新增、成本降低、制造技术改善、质量改善、设计修正、错误订正、相关件修正等。

设计变更主要有 3 个阶段：设计变更确立阶段、设计变更发布阶段、设计变更执行阶段。

12.2.2 SOP 前设计变更

SOP 前设计变更主要是指 G5 工程数据发布以后到 SOP 前这个阶段的设计变更。G5 工程数据发布以后，工程数据已经冻结，如果发现需要更改的地方，就要走设计变更流程，需要各部门对该设计变更进行审核。因为此时零部件已经开模，涉及产品更改费用及成本问题，需要项目组批准。SOP 前设计变更属于产品研发设计过程中的变更，不会对用户产生直接影响，仅对产品本身产生一定影响。

SOP 前设计变更的流程是设变需求产生、提出设变需求（发布设计变更申请单）、设变需求资料转发传递、技术可行性评估、设计变更评审（发布设变技术评审单）、执行设计变更（发布设计变更需求单）、设计变更文件审核、设计变更文件发布（发布设计变更通知单，即 Engineering Change Oder）、各部门设计变更文件签收、BOM 及其他相关文件维护、设变相关零部件导入试装、设变结果评审结束等。

12.2.3 SOP 后设计变更

SOP 后设计变更，此时产品已经到了用户手中，根据产品的问题大小，一般有两种处理办法。第一种是问题本身不会对使用安全、产品质量等有不良影响，只是优化原来的设计方案，此时的设计变更类似于 SOP 前设计变更，需提起设计变更流程，完成优化方案的设计变更即可。

第二种是如果出现的问题涉及使用安全、产品质量等方面，存在巨大隐患的话，汽车企业除了对产品进行设计变更，还需要通知国家质量监督检验检疫总局进行备案，并进行汽车产品召回，对存在的问题进行处理，这是企业和用户都不希望看到的。

汽车产品召回（Automobile Recall），就是按照一定的要求和程序，由缺陷汽车产品所属汽车企业消除其产品缺陷的过程。汽车企业以公开有效的方式通知经销商、车主等有关方面关于产品缺陷的具体情况以及消除缺陷的措施等事项，并由汽车企业通过经销商等途径通过维修、更换、退货等具体措施消除该汽车产品缺陷。2004～2016 年我国汽车产品召回数量如图 12-2 所示。

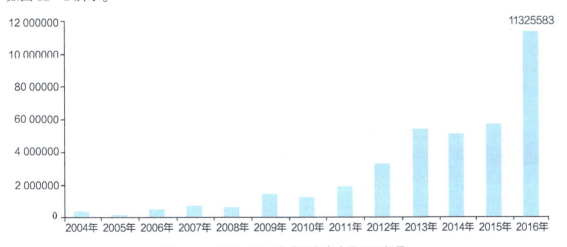

图 12-2 2004～2016 年我国汽车产品召回数量

SOP 后设计变更的流程与 SOP 前设计变更的流程主要差别就在于前者会涉及制造工厂及仓库的相关工作。具体就是在设计变更执行阶段需要制造工厂将零部件入库并安排零部件的试装，对试装结果进行评审及确认（发布试装情况记录表），最后才能切换零件导入生产（发布设变零件切换通知单）。

附录 产品设计总布置图

新能源汽车
设计基础

参 考 文 献

[1] 全国汽车标准化技术委员会. 汽车 H 点确定程序：GB/T 29120—2012 [S]. 北京：中国标准出版社，2013.

[2] 全国汽车标准化技术委员会. 电动汽车 安全要求 第 3 部分：人员触电防护：GB/T 18384.3—2015 [S]. 北京：中国标准出版社，2015.

[3] 全国汽车标准化技术委员会. 电动汽车术语：GB/T 19596—2017 [S]. 北京：中国标准出版社，2017.

[4] 左小勇，袁斌斌. 动力电池管理及维护技术 [M]. 天津：天津科学技术出版社，2016.

[5] 全国汽车标准化技术委员会. 机动车辆及挂车分类：GB/T 15089—2001 [S]. 北京：中国标准出版社，2004.

[6] 曾洪江，黄聪. CATIA V5 机械设计从入门到精通（进阶篇）[M]. 北京：中国青年出版社，2004.

[7] SAE International. Motor Vehicle Dimensions：SAE J1100—2009 [S]. [S.L.]：American National Standard，2009.

[8] 全国汽车标准化技术委员会. 轿车 质量分布：GB/T 5910—1998 [S]. 北京：中国标准出版社，2004.

[9] 全国汽车标准化技术委员会. 卧铺客车结构安全要求国家标准第 1 号修改单：GB/T 16887—2008/XG1—2012 [S]. 北京：中国标准出版社，2012.

[10] 张健. 汽车乘员人体质心位置计算方法研究 [J]. 人类工效学，2014，20（4）：67-69.

[11] SAE International. Human Physical Dimensions：SAE J833-2003 [S]. [S.L.]：American National Standard，2003.

[12] SAE International. Motor Vehicle Driver and Passenger Head Position：SAE J1052-2002 [S]. [S.L.]：American National Standard，2002.

[13] SAE International. Motor vehicle driver's eye locations：SAE J941-2002 [S]. [S.L.]：American National Standard，2002.

[14] SAE International. Accommodation Tool Reference Point for Class B Vehicles：SAE J1516-2011 [S]. [S.L.]：American National Standard，2011.

[15] 全国汽车标准化技术委员会. 汽车驾驶员前方视野要求及测量方法：GB 11562—2014 [S]. 北京：中国标准出版社，2015.

[16] 全国汽车标准化技术委员会. 汽车前、后端保护装置：GB 17354—1998 [S]. 北京：中国标准出版社，2004.

[17] 全国汽车标准化技术委员会. 乘用车外部凸出物：GB 11566—2009 [S]. 北京：中国标准出版社，2011.

[18] 全国汽车标准化技术委员会. 乘用车内部凸出物：GB 11552—2009 [S]. 北京：中国标准出版社，2012.

[19] 全国汽车标准化技术委员会. 机动车辆 间接视野装置 性能和安装要求：GB 15084—2013 [S]. 北京：中国标准出版社，2014.

[20] 全国汽车标准化技术委员会. 汽车安全带安装固定点、ISOFIX固定点系统及上拉带固定点：GB 14167—2013 [S]. 北京：中国标准出版社，2014.

[21] 全国汽车标准化技术委员会. 汽车护轮板：GB 7063—2011 [S]. 北京：中国标准出版社，2012.

[22] 全国汽车标准化技术委员会. 汽车和挂车号牌板（架）及其位置：GB 15741—1995 [S]. 北京：中国标准出版社，1995.

[23] 全国汽车标准化技术委员会. 汽车及挂车后牌照板照明装置配光性能：GB 18408—2015 [S]. 北京：中国标准出版社，2016.

[24] 全国汽车标准化技术委员会. 汽车风窗玻璃除霜和除雾系统的性能和试验方法：GB 11555—2009 [S]. 北京：中国标准出版社，2011.

[25] SAE International. Driver Selected Seat Position：SAE J1517—1998 [S]. [S. L.]：American National Standard，1998.

[26] SAE International. Driver Hand Control Reach：SAE J287—2007 [S]. [S. L.]：American National Standard，2007.

[27] 全国汽车标准化技术委员会. 汽车及挂车外部照明和光信号装置的安装规定：GB 4785—2019 [S]. 北京：中国标准出版社，2019.

[28] 林逸，马天飞，姚为民，等. 汽车NVH特性研究综述 [J]. 汽车工程，2002，24 (3)：177-181.

[29] 黄遵国，王彦. 汽车振动噪声（NVH）控制——汽车工业面临的新问题 [J]. 新技术新工艺，2011 (7)：79-83.

[30] 刘强，王弘岩，马芳武. 轿车室内噪声异常增大的诊断分析 [J]. 汽车技术，2009 (12)：103-106.

[31] 翁海蓉. 汽车车内噪声控制技术研究进展 [J]. 机械管理开发，2008，24 (2)：1-3.

[32] 陈宏. 汽车内饰材料声学性能与整车NVH性能改进研究 [J]. 汽车技术，2009 (12)：80-82.

[33] 范习民，陈剑，宋萍，等. 基于系统工程原理的汽车NVH正向设计流程 [J]. 农业装备与车辆工程，2007 (7)：3-5.

[34] 中国汽车技术研究中心有限公司. C-NCAP管理规则（2018年版）[R/OL]. (2018) [2020-02-04]. http://www.c-ncap.org/cms/files/cncap_regulation_2018.pdf.

[35] 财政部，工业和信息化部，科技部，等. 新能源汽车推广补贴方案及产品技术要求 [R/OL]. (2019-03-26) [2020-01-31]. http://jjs.mof.gov.cn/zhengwuxinxi/zhengcefagui/201903/t20190326_3204190.html.

[36] 环境保护部. 乘用车内空气质量评价指南：GB/T 27630—2011 [S]. 北京：中国环境科学出版社，2012.

[37] 国家环境保护总局科技标准司. 车内挥发性有机物和醛酮类物质采样测定方法：HJ/T 400—2007 [S]. 北京：中国环境科学出版社，2008.

[38] 全国汽车标准化技术委员会. 汽车禁用物质要求：GB/T 30512—2014 [S]. 北京：中国标准出版社，2014.

[39] 全国汽车标准化技术委员会. 道路车辆 可再利用率和可回收利用率 计算方法：GB/T 19515—2015 [S]. 北京：中国标准出版社，2015.

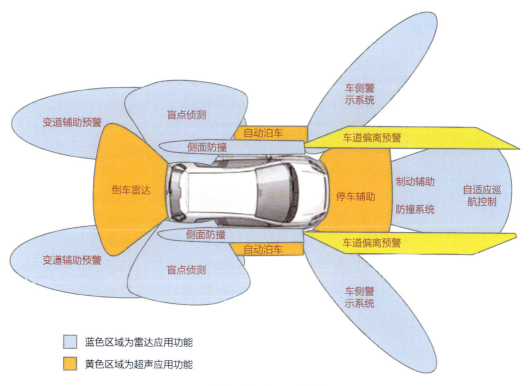

图 1-22 ADAS 系统

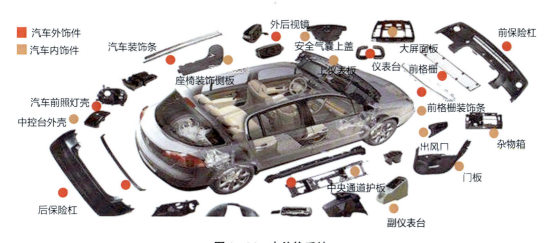

图 1-24 内外饰系统

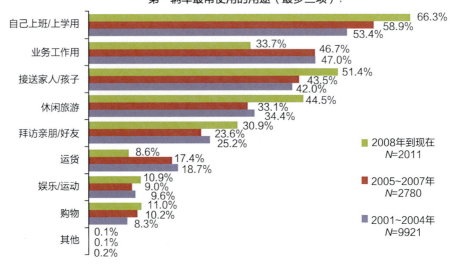

图 2-1　市场调查数据分析

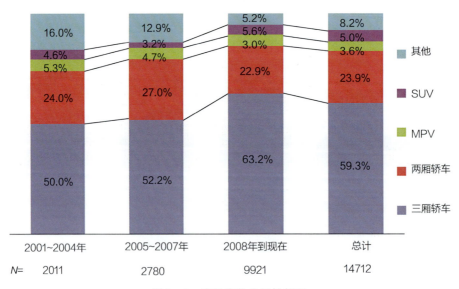

图 2-3　产品定位分析柱状图

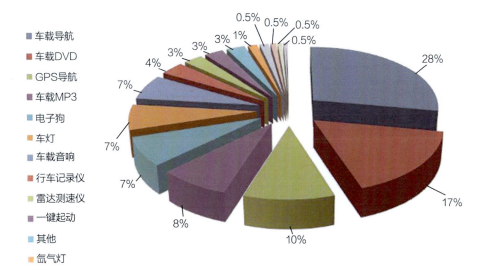

图 2-6 配置分析饼图

图 8-3 点云

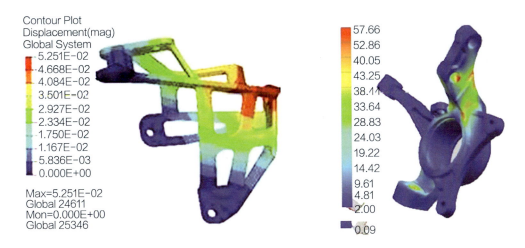

图 8-54 零部件 CAE 仿真分析

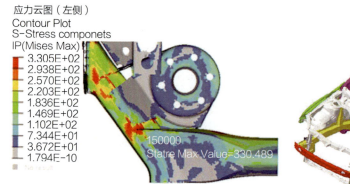

图 8-70 用 Adams 软件分析后扭力梁应力云图

图 8-71 高强度钢板分布图

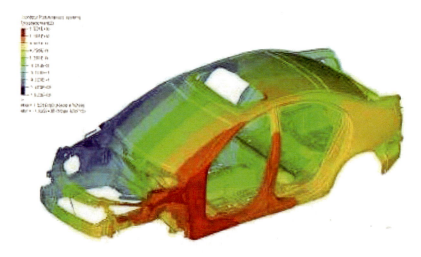

图 8-73 车身受力 CAE 分析

图 8-74 车身碰撞 CAE 仿真分析